# 무단 연장 날을 갈아

## The Art of Winning

# 무딘 연장 날을 갈아
## The Art of Winning

"하나님의 자녀들은

세상에서 별처럼 빛나도록 우뚝 서서

세상에 훌륭한 모범이 되고

선한 영향력을 끼쳐야 한다."

W미디어

　개인전이든 단체전이든 운동경기는 정정당당하고 관중들에게 높은 실력과 역량을 보여주어야 합니다. 그런 경기가 재미있고, 사람들의 입에 널리 오르내리고, 세월이 지난 후에도 기억에 남습니다. 월드컵이나 NBA 농구, 윔블던 테니스 등 국제경기를 보고 마음이 고무된 사람들은 세계적인 선수들이 보여주는 수준 높은 경기와 영향력 때문에 그런 경기를 더욱 보고 싶어 합니다.

　그러나 적의에 차서 거칠기만 할 뿐 공정하게 경기를 하지 않으면 관중들에게 상처를 주고 조롱거리만 될 뿐입니다. 경기 중에 공정성과 스포츠맨십을 잃어버린 선수에게 분노하여 관중석에서 물건이 날아오는 것을 보기도 합니다.

　음악을 애호하는 한 친구가 연주회를 다녀와서 "어제 연주회에 가기를 잘 했다" 고 말했습니다. 전혀 지루하지 않았고, 연주자의 실력과 표현 기법, 매너가 모두 좋았다고 했습니다. 그리고 음향 장비도 좋았고, 조명효과도 뛰어났다고 했습니다. 충분히 준비된 연주였기 때문에 이미 성공이 보장된 것이었고, 이야기를 듣고 있던 친구도 티켓이 비싼 이유가 있다고 말했습니다.

　　우리 삶은 흔히 운동경기나 연주에 비유됩니다. 여러분이 펼치는 인생 경기는 어떻습니까? 다른 사람들이 보기에 칭찬도 받고, 흥미를 불러일으키는 것이라고 생각합니까? 의식적이든 무의식적이든 많은 사람들이 나의 삶을 보고 있습니다. 그들은 내가 선택하는 삶 하나하나가 하나님 아버지께 영광이 되는지 불명예가 되는지 압니다.

"이와 같이 너희 빛을 사람들 앞에 비추어서 그들이 너희 선한 행실들을 보고 하늘에 계신 너희 아버지께 영광을 돌리게 하여라." (마태복음 5:16)

　　이 책이 여러분의 안목을 넓혀주고 인생이란 경기를 훌륭하게 펼치는데 도움이 되기를 바랍니다. 그리하여 우리 삶이 많은 사람들로부터 칭송 받고, 하나님 아버지께 영광이 되기를 간절히 바랍니다.

제프리 라흐마트

## ●차 례

# 제1장
 최선의 삶을 살라

"인생의 목적에 대한 무지는 대단히 무의미한

삶으로 우리를 이끌어갈 것이다."

## 1. 타인에게 결정을 맡기는 태도

직장 동료들과 식사하러 나가면서 "오늘은 어디서 무엇을 먹을까요?" 라는 질문을 합니다. 그 때 "당신이 정하세요." 라는 답을 흔히 듣습니다. 결정에 대한 책임을 회피하기 위한 의도인지, 아니면 단순히 귀찮고 생각하기 싫어서인지 알 수 없습니다. 그러나 실상 많은 사람들이 식당이나 메뉴를 정할 때 뒤로 빼고 동료에게 맡깁니다. 허기가 져서 당장 식사를 해야 하는데 아무도 나서서 결정하지 않습니다.

"당신이 정하세요." 라는 말은 상대방에 대한 배려라기보다는 나에게 마음에 둔 구체적인 목적이 없다는 것을 의미합니다. 이 같은 때에 우리는 소중한 시간을 낭비하는 것입니다. 시장하기 때문에 먹어야 하고, 그것에 대한 결정을 내리기 마련입니다. 그런데 그런 식으로 목적 없이 다른 사람의 결정에 맡기고 따르는 것은 최상의 선택이라할 수 없습니다.

"당신이 정하세요!" 이 말은 물론 내가 한 결정이 아닐지라도 우리를 위한 결정이기에 쉬운 대답입니다. 내가 결정을 주저한다면 다른 사람이 결정하도록 기회를 주는 것입니다. 이런 경우에 내가 결정하지 않았기에 부담을 없애주지만, 그 대신 다른 사람이 선택한 것에 대한 비용은 동일하게 지불해야 합니다. 다른 사람이 결정했을지라도 결과에 대한 책임은 공동으로 지기 때문입니다.

우리가 진정 바라는 바가 무엇인지 알면 목적을 정하는 것은 훨씬 쉽습니다. 소중한 시간을 허비하지 않고 우리가 원하는 최상의 것을 성취할 것입니다. 저는 인생에서 결정이 얼마나 중요한지를 강조하고 싶습니다. 아무 결정을 하지 않는 것도 결정입니다. 그러나 그런 태도는 자기가 해야 할 결정권을 다른 사람에게 내맡기는 것입니다. 문제는 다른 사람이 하는 결정이 나에게 최상의 결정이 아니며, 내가 진정 바라는 것과 다를 수 있다는 것입니다.

식당이나 식사 메뉴에 관한 것이 아니라 바로 나의 인생이란 가장 중요한 문제에 관한 것이라면 어떻게 될 것인지 생각해 봅시다. 여러분은 어떻게 하겠습니까? 나의 인생이 어디에 있기를 원합니까? 당신의 삶의 목적이 무엇입니까?

## 2. 존재 목적이 있다

대학을 갓 졸업한 한 청년에게 "졸업하면 무엇을 할 계획이니?"라고 물었습니다. "아, 모르겠는데요. 어떻게 되겠지요. 좌우간 졸업을 했으니까요!" 라고 그는 대답했습니다. 또 여러 해 사귀어온 젊은 남녀에게 "언제 결혼할 계획이세요?" 라고 물었습니다. "글쎄요, 아직 생각이 없어요! 어떻게 되겠지요!" 라고 대답했습니다.

이 젊은이들과 같이 물 위를 떠다니는 낙엽처럼 그냥 되는 대로 사는 사람들이 많습니다. 그들은 자기가 무엇을 원하는지 모릅니다. 계획과 목적이 없이 흘러가고 있습니다. 결정하는 것을 두려워하고, 그냥 기다려 보자는 태도입니다.

"글쎄요, 어떻게 되겠지요!" 이런 태도는 능력을 최대한 발휘하며 적극적으로 살아야 할 인간의 능력을 제약합니다.

세상에 존재하는 모든 것은 창조된 어떤 목적이 있습니다. 그것이 존재 가치입니다. 의자도 목적이 있고, 자동차도 집도 고유한 존재 목적이 있습니다. 우리가 사물의 존재 목적을 알지 못하면 그 사물을 최대한으로 유익하게 사용할 수 없습니다.

원시적인 환경이나 발전이 낙후된 지역에 사는 사람들에게 최신 스마트폰을 준다면 어떻게 될까요? 그들은 스마트폰에 대한 지식이 없기 때문에 잘못 사용하여 금방 망가뜨릴 것입니다. 고장 난 전화기를 봅시다. 장거리 무선 소통이라는 본래 목적대로 사용할 수 없으므로 그 때 존재 가치는 없습니다.

결혼, 사업, 가정 등 모든 것들은 존재 목적이 있는데, 우리도 한 인간으로서 존재 목적이 있음은 당연한 것입니다. 그러나 자신의 존재 목적을 모른다면 목적 없는 삶을 사는 것입니다.

## 3. 목적이 없는 삶에서 존귀한 삶으로

"너희가 아는 것처럼 조상들이 전한 생활방식에서 너희가 구속 받은 것은 은이나 금같이 썩어질 것으로 된 것이 아니라. 오직 흠 없고 티 없는 어린 양 같은 그리스도의 보배로운 피로 된 것이다." (베드로전서 1:18-19)

　　뉴 제임스 영어 성경에서는 '목적 없는 삶의 행동(aimless conduct)' 은 '목적 없는 삶의 양식(aimless lifestyle)' 과 같은 말인데, 뉴 리빙 성경 에는 '공허한 삶으로부터 구원하는 것(to save you from the empty life)' 으로 번역되어 있습니다. 이것은 그리스도를 통하여 구속 받은 사람은 방향 없는 삶, 공허하고 목적 의식이 없는 삶을 살아서는 안 된다는 의미입 니다.

　　어떤 물건이 대가를 지불하고 거래가 되었다는 것은 물건의 독 점적 소유권이 매도자에게서 구입자로 변경되었다는 것을 의미합니다. 인생의 주인인 예수님이 나를 구원하신 것은 내 삶이 목적이 없고 공 허한 삶에서 의미와 목적이 있는 충만한 삶으로 바뀌었다는 것을 의미 합니다.

"하나님께서 값을 치르고 너희를 사셨으니 너희의 몸으로 하나님께 영

16

광을 돌려라." (고린도전서 6:20)

예수님이 이루신 구속은 썩어질 물건이나 은이나 금으로 된 것이 아니라 훨씬 더 가치 있는 것, 그리스도의 보배로운 피로 된 것입니다. 일상에서 어떤 물건이 고가로 거래가 된다면 그 물건의 가치가 아주 높다는 뜻입니다. 그런 경우 원매자가 아주 낮은 금액으로 사려고 한다면 매도자는 팔려고 하지 않을 것입니다. 거래 당사자가 가격에 합의할 때에만 실제 거래가 형성되기 때문입니다.

성경은 우리가 그리스도의 피로 구원 받았다고 선언합니다. 이는 우리 생명이 그리스도의 피만큼 가치가 있다는 것입니다. 그리스도께서 우리를 구속하기 위해서 지불한 대가가 우리 삶의 가치라는 것을 생각해 보셨습니까? 왜 하나님은 그렇게 값으로 매길 수 없는 대가를 지불하면서 나를 구원하시길 원하셨을까요?

"너는 내 눈에 보배롭고 존귀하니…" (이사야서 43:4)

하나님이 보시기에 우리는 아주 가치 있는 존재입니다. 사람의 생명 가치는 아주 높습니다. 그리스도께서(심지어 사단까지도) 우리의 생명이 얼마나 가치 있는 것인가를 알고 있습니다. 그러나 정작 우리 자

17

신은 내 생명이 얼마나 가치 있고 존귀한 것인지 알고 있는지요?

## 4. 가치에 대한 무지

아무리 소중한 물건이라 해도 그 가치를 모르는 사람은 물건을 바로 사용하지 못합니다. 어떤 사람이 나에게 안전하게 보관해야 할 아주 고가의 물건을 주었다면 주의를 다하여 잘 간수할 것입니다. 값진 물건이라면 당연히 관리를 잘 해야 합니다. 그렇지 않으면 함부로 다루고 언제 없어질지 모릅니다. 우정의 가치를 모르는 사람은 우정을 소홀히 할 것입니다. 결혼과 가정의 소중함을 모르는 사람은 가정생활을 바로 하지 못할 것입니다. 마찬가지로 하나님이 주신 삶의 소중한 의미를 알지 못하는 사람은 자신의 삶을 바로 살아내지 못할 것입니다.

많은 사람들이 삶을 당연한 것으로 생각합니다. 이런 태도는 자신의 삶의 가치를 평가절하 하고 있는 것입니다. 예수님을 믿는다고 말은 하면서도 많은 사람들이 여전히 길을 잃고 목적 없이 살고 있습니다. 지루하고 무의미하게 살아갑니다. 그들은 구원 받은 실제적인 가치에 따라 살지 않습니다. 그러므로 그 같은 삶에 어떤 변화도, 도전도, 중요한 사건도 일어나지 않습니다. 말하자면 되는 대로 싸구려 인생을 살다 갑니다. 남편과 아내는 음란과 혼외정사 등으로 서로에 대한 정절에 상처를 남기기도 합니다. 젊은이들은 순간적인 쾌락 때문에 순결을 버립니다. 밝은 미래를 마약과 바꿉니다. 구원받은 사람이 값싼 삶으로 허송하는 것은 결과적으로 우리를 위해 지불한 예수님의 희생을 무의미한 것으로 만드는 것입니다. 예수님은 우리를 구원하시기 위해 모든 것을 바치셨습니다.

"나는 양들이 생명을 얻게 하고 더 풍성히 얻게 하려고 왔다." (요한복음 10:10)

예수님이 우리를 구원하신 목적은 장차 올 하나님 나라에서뿐 아니라 이 지상에서 의미 있는 삶, 충만한 삶을 주시기 위한 것입니다. 그러면 어떻게 값싼 삶을 청산하고 무의미한 삶으로부터 우리가 벗어날 수 있을까요? 적어도 우리는 나를 구원하기 위해 예수님이 지불한 가치에 따라 살아야 합니다.

이를 위해 인생의 진정한 목적이 무엇인지 배워야 합니다. 바로 나를 향한 하나님의 계획, 나를 만드시고 이 세상에 존재하게 하신 하나님의 목적을 알아야 합니다. 하나님이 나를 지으시고, 나에게 두신 본래적인 계획을 알 때 어떤 삶을 살아야 하는지 분명한 관점을 가질 수 있습니다.

제2장

굳건하게 출발하라

"성공적인 삶은 분명한 계획에서 시작한다."

## 1. 계획이 곧 시작이다

"하나님께서 '우리가 우리의 형상을 따라 우리의 모양대로 사람을 만들고, 그들이 바다의 고기와 하늘의 새와 가축과 온 땅과 땅 위에 기는 모든 것을 다스리게 하자.' 말씀하시고, 하나님께서 자신의 형상대로 사람을 창조하시되 하나님의 형상대로 사람을 창조하셨으니 그들을 남자와 여자로 창조하셨다." (창세기 1:26-27)

하나님께서 남자와 여자를 창조하셨는데, 정확히 말하면 분명한 목적을 가지고 창조했습니다. 사람이 존재하기 전에 성부, 성자, 성령께서 먼저 사람을 지으시기로 계획하셨고, 그 다음에 그 계획을 완성하셨습니다. 사람은 되는 대로 우연히 만들어진 존재가 아닙니다. 하나님께서 자신의 형상대로 만드셨는데, 그 이유는 특별한 계획이 있었기 때문입니다. 그러므로 우리는 하나님이 우리에게 계획하신 거룩한 목적을 위해서 살아야 합니다.

우리는 하나님의 형상대로 지음 받았기 때문에 하나님의 방식대로 일할 수 있습니다. 하나님이 하신 방식대로 우리도 어떤 일을 하기 전에 먼저 계획해야 합니다. 확고한 계획이 성공의 시작입니다.

"부지런한 자의 계획은 풍성함을 가져오나 조급한 행동은 궁핍함만 초

래한다." (잠언 21:5)


## 2. 우리는 방관자가 아니다

집을 짓는 건축가는 먼저 계획을 세우고, 집의 청사진이 제시된 후에야 건축을 시작합니다. 우리가 청사진을 가지고 있으면 완성된 후의 집의 모양을 미리 알 수 있습니다. 가까운 친구에게 새 집의 청사진을 보여줄 수도 있고, 새 집에서 살면 어떤 기분일지도 상상할 수 있습니다. 집 건축을 본격적으로 착수하지 않았고, 우리가 아는 것이라곤 빈 대지와 몇 장의 설계 도면뿐이라 할지라도 설계도가 있기 때문에 이런 상상이 가능합니다.

집 건축이 완성된 후 집 안과 밖을 이미 알고 있는 것처럼 미리 느낄 수 있습니다. 집이 설계한 청사진을 기초로 지어질 것이기 때문입니다. 여러분이 여러 번에 걸쳐 수정하고 완성한 집의 청사진을 가지고 있기 때문입니다.


"주께서 나의 내장을 만드시고, 어머니의 태에서 나를 짜 맞추셨습니다. 내가 주님을 찬양함은 나를 놀랍고 기이하게 지으셨기 때문입니다. 주께서 하신 일이 기이함을 내 영혼이 잘 압니다. 내가 은밀한 데서 지

24

음 받을 때에, 곧 내가 땅의 깊음 속에서 만들어질 때에, 곧 내 골격이 주께로부터 숨겨지지 아니하였습니다. 나의 형질이 이루어지기 전에 주님의 눈이 보셨으며 나를 위해 정해진 날이 하루도 시작되기 전에 그 모든 것이 주님의 책에 기록되었습니다." (시편 139:13-16)

집 설계도를 생각하면 내가 태어나기 전, 하나님이 나를 어떻게 설계하셨는지 잘 이해할 수 있습니다. 내가 어머니 뱃속에 잉태되기 전부터 하나님은 나를 아셨습니다. 하나님은 나를 지으신 목적과 그것을 성취하고자 간절한 소망을 가지고 있습니다. 나는 하나님과 무관한 이방인과 같은 존재가 아닙니다. 우리 각자의 삶은 위대한 가치가 있습니다. 그러므로 나에 대한 하나님의 생각과 계획을 알아야 하고, 수용해야 합니다.

"너희를 향한 나의 생각은 재앙이 아니고 평안이며, 너희에게 소망 있는 미래를 주려는 것이다. 여호와의 말이다." (예레미야 29:11)


## 3. 목적을 가르쳐 주시는 하나님
"하나님께서 그들에게 복을 주시며 말씀하시기를 '생육하고 번성하며 땅에 충만하고 그것을 정복하여라. 그리고 바다의 고기와 하늘의 새와 땅 위의 움직이는 모든 짐승을 다스려라' 하셨다." (창세기 1:28)

우리는 창세기 1:26에서 하나님께서 사람을 만드신 목적이 무엇인지를 알 수 있습니다. 28절에도 나오는데 왜 반복하셨을까요? 자세히 보면 우리는 26절은 사람이 아직 창조되기 이전이라는 것과 28절은 사람이 창조된 이후라는 차이가 있습니다. 이 유명한 말씀은 하나님께서 인간에게 두신 계획이 무엇인지를 보여줍니다. 사람이 창조되기 전, 하나님께서 미리 준비하신 계획 말입니다. 물론 하나님이 이렇게 말씀해 주지 않았다면 하나님의 계획이 무엇인지 알 수가 없습니다.

하나님이 우리에게 말씀해 주지 않았다면 우리가 어떻게 될지 상상해 보십시오. 존재 목적을 결코 알지 못할 것이며, 그 결과 목적 없는 삶을 살게 되리라는 것이 명백합니다. 그러나 사랑 많으신 하나님은 우리가 놀라운 계획을 성취하도록 존재 목적을 미리 게시해 주셨다는 사실에 깊이 감사해야 하겠습니다.

사람들은 하나님께서 준비해 놓으신 계획을 어떻게 알 수 있느냐고 질문합니다. 위에서 말씀 드린 바와 같이 하나님이 친히 우리를 향한 계획을 깨닫게 하실 것이라고 말씀드릴 수 있습니다.

다음과 같은 성경을 읽으면 하나님의 계획을 알 것입니다. 몇

가지 예를 들어보면,

1. 하나님이 아브라함에게 장래의 계획을 보여주심 (창세기 12:1-3)

2. 하나님께서 모세에게 나타나심 (출애굽기 3:2-10)

3. 하나님께서 여호수아에게 나타나심 (여호수아 1:1-9)

4. 하나님께서 삼손이 태어나기 전 그에게 두신 계획을 그의 어머니에게 보여주심 (사사기 13:2-7)

5. 하나님께서 요한의 아버지 사가랴를 통해 세례 요한에 대한 계획을 말씀하심 (누가복음 1:11-15)

6. 예수님이 시몬에게 어부 대신 사람을 낚는 자가 될 것이라는 계획을 말씀하심 (누가복음 5:10)

7. 하나님은 아나니아를 통하여 바울에게 두신 계획을 전하심 (사도행전 9:15-16)


하나님은 우리를 향한 계획을 깨닫도록 메시지를 주시고, 간절한 마음을 가지고 있습니다. 나에게 두신 계획이 성취되든 되지 않든 무관심한 분이 아닙니다. 문제는 그 계획을 어떻게 행하느냐가 아니라, 우리가 하나님과 얼마나 친밀한 관계성을 가지고 있느냐에 있습니다. 하나님의 계획을 알 수 있을 만큼 내가 하나님과 관계를 맺고 있는지가 중요합니다. 그러나 사람이 죄를 지으면 하나님과의 친밀한 관계성이 단절됩니다. 이런 단절을 죽음이라고 하는데, 이런 관계성이 단절된 상태에서는 하나님의 계획을 알 수 없습니다.

우리 가정에 전원 플러그를 내리거나 정전 사고가 나면 전기 공급회사와의 전력 통로가 차단됩니다. 우리는 어둠에 머물게 됩니다. 같은 이치로, 우리가 어둠을 따로 초청하지 않을지라도 빛이 없으면 자동적으로 어둠입니다. 전화선도 한 번 끊어지면 상대방이 말하는 것을 들을 수 없습니다.

사람이 하나님과의 관계가 차단되고 소통이 안 되는 것은 죄 때문입니다. 우리가 죄 가운데 머물면 빛이신 하나님과의 친밀한 관계가 끊어지고 자동적으로 어둠 가운데 삽니다. 그 때 하나님의 음성을 듣지 못하는 것은 이상한 것이 아닙니다.

따라서 우리는 죄를 회개하고, 나의 죄와 악행을 내려놓고 예수님을 나의 하나님과 구주로 영접해야 합니다. '중생'은 우리가 이전에 하나님과 단절된 상태를 다시 이어지게 하는 과정입니다. 하나님과의 관계가 회복되면 교제가 회복되고 하나님의 음성을 들을 수 있습니다. 그 때 하나님의 나를 향하신 계획을 알 수 있습니다.

## 4. 먼저 축복하신 하나님

"하나님께서 그들에게 복을 주시며 말씀하시기를… " (창세기 1:28)

얼마나 놀라운 말씀입니까! 하나님은 우리에게 당신의 계획을 말씀해 주셨을 뿐 아니라, 먼저 복을 주셨다고 했습니다. 하나님은 사람이 먼저 복을 받지 않고는 하나님이 주신 계획을 성공적으로 성취할 수 없다는 것을 아십니다. 하나님은 먼저 사람이 필요로 하는 환경을 만들어 주셨고, 사람을 지으시고 그 존재 이유를 말씀하셨습니다. 이런 창조 원리와 순서는 군인이 국방의 의무를 성공적으로 수행하기 위한 조건과 같습니다. 군인은 국방의 의무와 전투를 수행하기에 앞서 먼저 필요한 장비를 제공받고, 필요한 훈련을 받습니다.

하나님은 결코 우리의 실패를 원치 않습니다. 하나님은 당신의 계획을 달성할 수 있도록 모든 사람에게 먼저 복을 주셨습니다. 사람은 각각 다른 달란트(은사, 재능)를 가지고 태어났는데, 이것이 하나님이 사람에게 주신 축복입니다. 하나님이 사람에게 투자하신 것입니다. 우리가 받은 재능은 그것을 주신 하나님의 계획과 깊은 관계가 있습니다. 그러므로 우리는 내가 받은 달란트를 이것을 주신 하나님의 관점에서 생각하고 사용해야 합니다.

## 5. 다스리고 정복하기 위한 목적

"하나님께서 그들에게 복을 주시며 말씀하시기를 '생육하고 번성하며 땅에 충만하고 그것을 정복하여라. 그리고 바다의 고기와 하늘의 새와 땅 위에 움직이는 모든 짐승을 다스려라.' 하셨다." (창세기 1:28)

　　전반적으로 우리를 향한 하나님의 계획은 '번성하고 정복하고 다스리라' 는 것입니다. 하나님의 계획은 우리가 교회 주변에서만 모여 섬기라는 것이 아니라, 세상으로 나아가 정복하고 다스리는 것입니다. 영어로 'subdue' 라고 하는데 '통치한다', 달리 표현하면 '일하라(work)', '사업을 하라(have a business)' 는 의미입니다. 우리가 앉아서 아무 일도 하지 않으면 우리가 어떻게 정복할 수 있습니까? 그러므로 지금까지 사람이 일하고 천연자원을 발견하고 선진 기술을 개발하고 바다와 우주를 개발하는 이 모든 연구와 노력은 인간으로서 당연히 해야 할 일입니다. 하나님이 땅을 정복하고 다스리라는 목적을 위하여 사람을 창조하셨고, 사람에게 그것을 수행하도록 축복하셨기 때문입니다.

　　그러나 많은 사람들이 창조의 질서와 하나님의 계획을 이해하지 못하고 있습니다. 그래서 이 세상을 정복하기보다 쉽게 굴복하고 정복당하며 살아갑니다. 사람이 어떤 형태로 굴복하고, 지배당하고 있습니까?

30

그런 예는 많습니다. 왜 많은 사람들이 술이나 도박, 담배, 성적 타락으로부터 벗어나지 못하고 스스로와 가족, 이웃에게 고통을 주고 있습니까? 담배는 담배 잎으로 만들어지며, 그것은 우리가 지배 받아야 할 대상이 아니라 마땅히 다스려야 할 이 땅의 피조물입니다. 알코올, 마약, 돈도 마찬가지입니다.

정복한다는 것은 내가 처한 주변 환경을 정복한다는 것을 의미합니다. 인간생활의 불균형은 하나님이 인간을 지으신 목적을 잊어버리고 이 세상 피조물과 그 환경에 정복당하도록 자신을 허용할 때 생깁니다. 우리는 정복당하기 위해서가 아니라 정복하도록 창조되었습니다.


## 6. 모든 상황과 환경을 정복하라

정복 대상인 세상은 내가 처한 주변 환경을 의미합니다. 스스로 정복당하도록 자신을 허용하지 않는다면 우리는 정복시킬 수 있습니다. 그렇지 않으면 반대로 상황이 우리를 정복할 것입니다. 상황을 정복하기 위해 인간이 시도한 예는 많습니다. 열을 정복하기 위한 냉방기의 개발, 밤의 어둠을 정복하기 위한 전구의 발명, 원거리 불통을 정복하기 위한 무선전화기 개발 등이 그러한 예입니다.

정복자가 되기 위하여 우리는 어떤 주어진 환경도 정복하고 다스릴 수 있어야 합니다. 힘든 상황이나 위기에 처해 있을 때뿐 아니라 부족함이 전혀 없는 성공한 상황에 있을 때에도 동일하게 잘 관리해야 합니다. 가족이 갈라지는 경우도 반드시 어려운 처지를 직면했을 때에 국한되는 것이 아니라, 세상적으로 성공한 시기에도 발생합니다. 통계 자료들은 경제가 발전하고 번영과 복지를 누리는 선진국의 경우에도 성 도덕이 무너지고, 많은 가정이 깨어지고 있음을 보여줍니다. 이런 경우를 보면, 그 나라 사람들이 물질적인 성공을 지배하는 것이 아니라 오히려 물질적인 성공이 사람들과 가정을 정복하고 다스리고 있음을 보여줍니다. 우리가 일정 수준의 성공을 필요로 하지만, 세상적인 번영과 성공이 나를 지배하도록 허용하지 말아야 합니다.

위기 상황을 만날 때도 그 상황을 잘 다스려 승리해야 합니다. 승리자에게는 위기 상황 자체가 큰 문제가 아닙니다. 그는 위기 상황에서도 무엇을 해야 하는지, 어떻게 그 상황을 역전시키고 승리할 수 있는지 아는 자 입니다.


## 7. 독수리같이

성경은 기독교인을 흔히 독수리와 같은 존재라고 말합니다. 독수리 모형이나 그림은 집이나 사무실에서 볼 수 있고, 회사나 교회에서 상징으로 사용되기도 하고, 찬송 가사로도 인용됩니다. 설교자들은 독수리를 예화나 주제로 사용하기도 합니다. 이사야서에 있는 말씀은 자주 인용되는 성구입니다.

"오직 여호와를 바라는 자는 새 힘을 얻을 것이니, 독수리처럼 날개 치며 올라갈 것이요, 달음박질 하여도 지치지 아니하겠고, 걸어가도 피곤하지 않을 것이다." (이사야서 40:31)

강한 날개의 힘으로 바람을 타고 비상하는 독수리처럼 하나님의 자녀들은 그들이 처한 위기를 타고 비상해야 합니다. 그러나 이런 일을 자주 보지 못함은 불행한 일입니다. 힘든 환경이나 위기를 만나면 어떤 독수리들은 하늘 높이 날기를 두려워합니다. 비상을 시도하기보다는 동굴에 숨는 안이한 길을 택하고, 강한 바람을 헤쳐 가도록 도전하기보다는 바람이 자기에게서 빨리 물러가기를 기도합니다. 이런 자세나 소극적인 기도는 잘못된 것입니다. 위기의 바람이 다 지나갈 때까지 비상하기를 포기하고 숨어 있는 많은 독수리들은 더 큰 두려움에 싸이게 됩니다. 기백은 물론 시력도 흐려집니다. 하나님의 자녀도 이렇게 두려워 숨는다면 이 세상을 변화시킬 기회와 힘을 상실합니다.

## 8. 인간적인 배경 정복하기

우리가 극복해야 할 문제 중에는 세속적인 배경이 있습니다. 태어나고 성장한 과거이든, 인종적인 배경이든, 가족이나 경제적인 환경이든 인간적인 배경은 종교에 관계없이 모든 사람들이 가지고 있고, 만나는 문제입니다.

그러나 이런 환경에 의해 정복당하는 사람들에게 좋은 소식이 있습니다. 우리의 안목과 방향을 바꾸어 과거나 배경을 돌아보지 말고 앞을 향해 전진하는 것입니다. 과거나 배경이 여러분이 의지해야 하는 안전판입니까? 그렇다면 다음 말씀을 기억하기 바랍니다.

"그런즉 누구든지 그리스도 안에 있으면 새로운 피조물이다. 이전 것은 지나갔으니, 보라, 새 것이 되었다." (고린도후서 5:17)

"형제들아, 나는 나 자신이 잡았다고 생각하지 않는다. 다만 한 가지, 곧 뒤에 있는 것을 잊어버리고 앞에 있는 것을 붙잡고자 하여" (빌립보서 3:13)

우리 삶에는 달려가야 할 목적이 있습니다. 그 목적을 향해 전진하는 한 뒤를 돌아보거나 뒷걸음질 할 수 없습니다. 뒤를 돌아보고 주저하는 것은 성장과 목적 달성을 가로막는 것입니다. 분명히 기억하십시오. 우리의 창조 목적은 환경에 굴복 당하기 위해서가 아니라 정복하기 위한 것입니다.


## 9. 승리자 아브람 이야기

"그러자 아브람이 롯에게 말했다. '우리는 친족이니 나와 너 사이에, 그리고 내 목자들과 네 목자들 사이에 다툼이 없도록 하자. 네 앞에 온 땅이 있지 않느냐? 나를 떠나라. 만일 네가 왼쪽으로 가면 나는 오른쪽으로 가고, 네가 오른쪽으로 가면 나는 왼쪽으로 가겠다.' 롯이 눈을 들어 요단 온 들을 바라보니, 여호와께서 소돔과 고모라를 멸망시키기 전이었으므로 소알까지 그 전체가 물이 넉넉하여 마치 여호와의 동산 같고 이집트 땅과도 같았다. 롯이 요단 온 들을 택하고 동쪽으로 떠나갔으므로 그들은 서로 갈라서게 되었다. 아브람은 가나안 땅에 살았고, 롯은 들의 성읍들에 살았는데 소돔까지 이르러 장막을 쳤다." (창세기 13:8-12)

아브람은 하나님의 부름을 받기 전 아브라함의 이름인데, 그는 말씀대로 산 정복자의 모델입니다. 말씀에서 알 수 있듯이 아브람은 부자였지만, 그는 자신이 가진 재물에 구속되거나 정복당하지 않았습니다. 아브람은 소유가 많았을 때에도 하나님을 불렀습니다.

창세기 13장은 아브람이 롯에게 그가 갖기를 원하는 땅을 선택하도록 먼저 기회를 주고 양보합니다.

"만일 네가 왼쪽으로 가면 나는 오른쪽으로 가고, 네가 오른쪽으로 가면 나는 왼쪽으로 가겠다."

이것은 하나님이 그를 위해 예비해 놓으신 것과 인생의 목적이 있다는 것을 아는 사람만이 할 수 있는 놀라운 일입니다. 아브람은 롯이 더 좋은 땅을 택하고 자기에게는 쓸모없는 땅만 돌아오리라는 두려움 때문에 롯에게 우선권을 주는 것을 주저하지 않았습니다. 아브람은 하나님이 자기에게 두신 계획(God's plan)을 분명히 알았고, 하나님의 약속(God's promise)을 믿었습니다.

아브라함이 롯에게 한 제안이 어떤 것인지 예를 하나 들겠습니다.

오랫동안 동업을 하던 두 사람이 동업 관계를 정리하기 위하여 회사를 나눈다고 생각합시다. 동업자 중 한 사람이 다른 동업자에게 선택권을 먼저 갖도록 했습니다. 파트너에게 그가 좋아하는 회사를 먼저 선택하도록 하고, 자기는 남는 것을 갖기를 원한다고 생각해 보십시오. 비즈니스 세계에서는 이런 일이 아주 어리석은 일입니다. 이런 일이 있다면 선택권을 먼저 받은 사람은 전망이 좋고 수익성이 가장 좋은 회사부터 선택하리라는 것은 의심의 여지가 없습니다.

아브람이 롯에게 우선권을 양보했을 때, 그가 감수해야 할 위험이 얼마나 크겠습니까? 그러나 아브람은 어떤 땅이 그에게 돌아오는가는 중요하지 않았습니다. 최악의 땅이라 할지라도 그렇습니다. 아브람은 그 조건을 최선의 것으로 바꿀 수 있는 믿음이 있었기 때문입니다. 그는 최악의 조건도 최선으로 바꿀 수 있었습니다. 하나님과 하나님의 약속에 대한 아브라함의 믿음(창세기 12:1-3)은 그 당시 그가 직면한 어떤 상황에서도 전혀 흔들림이 없었습니다. 아브람과 같이 승리자는 언제나 한 길이 막히면 또 다른 출구가 있고, 더 좋은 길이 있음을 믿는 자입니다.

제3장
 지혜로운 삶을 위하여

"기적을 행하고 우리의 삶을 회복시키는 주 예수의

능력을 믿는다는 것은 우리가 마음대로 함부로 살고

늘 실수해도 좋다는 의미가 아니다."

## 1. 기적의 의미

어느 날 교회 안내 책자에서 "오셔서 우리와 함께 놀라운 예배에 참석하세요." 라는 글을 읽었습니다. 그 글을 읽은 후, 나는 기적을 행하시는 하나님의 아들 예수 그리스도를 믿고 그리스도인이 된다는 사실이 얼마나 놀라운 축복인가를 생각했습니다. 뿐만 아니라 예수님은 믿는 자에게는 능치 못할 일이 없다고 제자들에게 말씀했습니다.

인도네시아는 물론 해외에서도 복음단체와 예배, 부흥집회는 하나님의 자녀들로 가득 차 있습니다. 그들이 모인 것은 크고 놀라운 일을 행하시는 하나님이 존재하시기 때문입니다. 주를 찬양하십시오! 그들이 하나님을 만나고 경험한 것에 대한 놀라운 간증을 들었습니다. 그러나 한때 하나님의 놀라운 은혜를 경험했지만 이전에 직면한 똑 같은 문제로 다시 넘어지고 과거로 돌아간 사람들의 이야기도 듣습니다. 문제가 생길 때 그들은 무엇을 합니까? 그들은 똑 같은 기적이 자기에게 다시 일어나기를 바라며, 또 다른 예배에 참석합니다.

이런 이야기를 들으면 당황스럽고 의문이 생깁니다. 대체 그들에게 기적은 무엇을 위한 것일까요? 그들에게 기적을 베푸시는 하나님의 은총은 무슨 의미를 가질까요? 하나님의 은혜를 체험했으면 다시 과거로 돌아가는 것이 아니라 승리의 길로 계속 전진해야 하는 것이

도리가 아닐까요? 언제 사람들은 하나님의 기적을 필요로 합니까? 그들이 자신의 능력으로 더 이상 어떻게 할 수 없는 상황이 아닙니까? 그것을 알고서 다시 죄를 재탕한다면, 그것은 하나님의 선하신 간섭이 없어서가 아니라 자신이 택한 어리석음 때문입니다.

## 2. UNDO 버튼

오늘날의 정보기술 시대에 컴퓨터 사용은 일상이 되었습니다. 컴퓨터를 사용하다 보면 많은 유용한 기능이 있습니다. 그 중에 UNDO 키(Ctrl+Z 키)가 있습니다. 작업하다가 우연히 실수를 했을 때 매우 유용합니다.

타자기를 사용하던 시대에는 타이핑 실수를 하면 교정 펜이나 수정액을 사용하여 수정했습니다. 그러나 지금은 UNDO 키를 사용하면 더 이상 그런 수고가 필요 없습니다. 단지 UNDO 키를 누르기만 하면 실수하기 이전의 원 위치로 가게 합니다. 아무 실수를 하지 않은 것처럼 말입니다. 다른 관점에서 보면 이 기능키 때문에 컴퓨터가 우리를 대신하여 큰 문제를 해결해주는 것 같습니다.

## 3. 반석 위에 세운 집

"그러므로 누구든지 나의 이 말을 듣고 그것을 행하는 자는 자기 집을 반석 위에 지은 슬기로운 자와 같을 것이다. 비가 내리고 홍수가 나고 바람이 불어 그 집에 몰아쳐도 그 집은 무너지지 아니하였으니, 그것이 반석 위에 세워졌기 때문이다. 그러나 나의 이 말을 듣고 그것을 행하지 않는 자는 자기 집을 모래 위에 지은 어리석은 자와 같을 것이다. 비가 내리고 홍수가 나고 바람이 불어 그 집에 부딪히니, 그 집이 무너지고 그 무너짐이 매우 심하였다." (마태복음 7:24-27)

예수님이 이 비유를 가르치신 목적은 제자가 된 우리가 반석 위에 집을 세운 사람처럼 인생을 지혜롭게 살아야 한다는 것입니다. 이 비유는 우리에게 미리 주시는 경고입니다. 우리 인생에는 항상 문제나 장애물이 있습니다. 사는 동안 누구나 불가피한 일과 예기치 않은 사건을 만납니다. 문제는 '우리가 항상 준비가 되어 있는가? 그런 일을 만난 경우에도 끝까지 강건하게 서 있을 수 있느냐?' 하는 것입니다. 이 세상에는 개인적인 문제를 포함하여 본의 아니게 여러 문제가 우리 삶에 들어왔다가 어느 날엔가는 지나갑니다.

이 비유에서 바람이나 비, 홍수가 없다면 모래 위에 세운 집과 반석 위에 세운 집에서 아무 차이를 발견할 수 없습니다. 그런 풍파가 없다면, 특별히 많은 노력과 시간을 들여 반석 위에 집을 세운 사람이 모래 위에 세운 사람보다 어리석게 보일 것입니다. 결과가 같게 보이고, 모래 위에 집을 세우는 것이 훨씬 쉽기 때문입니다. 그러나 강풍과 비, 홍수와 같은 궂은일을 만날 때 우리는 실상을 볼 수 있습니다. 문제가 닥치면 지혜로운 자가 해온 노력이 전혀 문제가 없고 안전하다는 것을 알 것입니다. 지혜로운 자는 장래에 닥칠 문제를 미리 통찰하고 대비했기 때문입니다.

모래 위에 집을 지은 자는 문제가 닥칠 것이라는 것을 미리 알고 준비했다면 무너짐을 피할 수 있었을 것입니다. 그 이유는, 문제는 예기치 않게 오는 것이고 우리 삶에는 항상 있기 때문입니다.

여러분은 이 비유에서 어떤 집이 다시 건축되어야 한다고 생각합니까? 당연히 무너진 집입니다. 우리가 기적이란 말을 사용해 봅시다. 두 사람 중에 누가 기적을 필요로 하는 사람입니까? 물론 집이 무너진 사람입니다. 무너진 집은 재건축을 필요로 하고, 그 이전의 위치에 다시 세워질 필요가 있습니다. 그렇다면 하나님의 은총으로서의 기적은 컴퓨터에서 UNDO 버튼과 똑 같은 기능을 합니다. 원래의 위치로 돌아가게 하는 것입니다. 이러한 기적, 또는 UNDO 버턴 키는 많은 사람들이 바라는 것입니다.

사람이 기적의 은총을 받기 위해 필요한 조건은 무엇입니까?

이 사람은 많은 문제보다 단 하나의 조건, 즉 자기 힘으로 어떻게 할 수 없는 문제를 만날 때입니다. UNDO 기능처럼 사람이 컴퓨터를 하다가 실수할 때 선택이 필요합니다. 비유가 분명히 말하는 것처럼 남자나 여자나 회복이 필요한 대상은 부서지고 깨어져 있는 사람입니다. 기적적으로 치유가 필요한 사람은 고통 중에 있는 자입니다. 재정적 파탄에 빠진 사람에게도 적용됩니다. 빚이 많다든지 파산에 처했다든지 재정적인 문제에 직면한 사람입니다. 비유에서도 회복이 필요한 집은 제 기능을 하지 못하는 집입니다.


## 4. 더 큰 기적은

UNDO 키가 있다고 해서 그것만 믿고 계속 실수를 해도 좋다는 것은 아닙니다. 컴퓨터 경험이 많은 사람은 실수를 적게 합니다. 컴퓨터에 익숙하기 위해서 사용자는 스스로 많은 훈련을 합니다. 우리 삶도 그렇습니다. 기적을 행하고 삶을 회복시키는 주 예수의 능력은 우리가 좋아하는 대로 선택하고, 언제나 실수해도 좋다는 뜻이 아닙니다.

우리가 하나님의 성품과 하신 일을 더 많이 알고, 말씀대로 믿고 순종할수록 세상의 지배를 덜 받습니다. 이는 지혜롭게 살기 위해 하나님과 말씀에 대한 지식이 더욱 성장해야 한다는 의미입니다.

"내 백성이 지식이 없으므로 망한다. 네가 지식을 버렸기 때문에 나도 너를 버려 내 제사장이 되지 못하게 하고, 네가 네 하나님의 율법을 잊었으므로 나도 네 자녀들을 잊을 것이다." (호세아 4:6)

많은 백성이 지식이 없어 망합니다! 제8장에서 이 주제를 다시 다룹니다.

반석같이 견고한 집에 사는 사람이 어떤 축복도 경험하지 못하고, 하나님의 놀라운 은총도 입지 못한다고 생각합니까? 그렇지 않습니다. 그들이 하나님의 축복과 은총을 더욱 느낄 것이라고 확신합니다. 바로 옆집이 산산이 부서졌는데 어떻게 그는 흔들림이 없이 견고하게 서 있을 수 있습니까? 여러분이 이런 상황에 있다면 끊임없는 찬양과 감사를 드렸을 것입니다. 이와 대조적으로, 집이 무너진 사람들은 망연자실하여 슬퍼할 것이며, 그런 상황에서 주님께 찬양을 드리기 어려울 것입니다.

이 비유에서 예수님은 반석 위에 집을 세운 사람에 대하여 말하고 있습니다. 저는 그를 인생의 승리자라 부르고 싶습니다. 비, 홍수, 강풍도 그가 세운 집을 무너뜨리지 못합니다. 이 사람은 단순한 회복 이상의 훨씬 더 가치 있는 기적의 은총을 이미 경험했다고 믿습니다. 왜 그렇습니까? 똑 같은 시간에 이웃집은 파괴되었는데 그의 집은 견고하게 서 있기 때문입니다. 이 사실이 얼마나 놀라운 간증입니까? 우리는 주 예수 그리스도, 큰일을 행하시는 예수님이 직접 이 같은 교훈을 주셨다는 것을 기억해야 합니다.

　　TV에서 싱가포르의 리콴유(李光耀) 전 총리가 대담하는 것을 들은 적이 있습니다. 프로그램 진행자가 "공직에 있는 동안 가장 기억나는 일은 언제입니까?" 라고 질문했습니다. 그는 "아세안 국가들이 재정적, 경제적 위기를 겪고 있을 때에도 싱가포르는 강건했다는 것을 볼 때였습니다." 라고 대답했습니다.

　　싱가포르도 아시아 다른 국가들과 같은 시기에 같은 위기를 만났습니다. 그러나 싱가포르는 경제 위기 속에서도 강하게 버티고 일어섰습니다. 싱가포르 국민들은 경제적 위기를 성공적으로 극복했습니다. 싱가포르는 평소에 위기에 미리 대비함으로써 더 큰 기적과 모범을 보여 주었습니다.

## 5. 후회보다 사전 안전이 낫다

"내 율법 책을 네 입에서 떠나지 않게 하고 그 가운데 기록된 모든 것을 지켜 행하도록 주야로 그것을 묵상하여라. 그리하면 네 길이 평탄해질 것이며 네가 형통할 것이다. 내가 네게 명령하지 않았느냐? 강하고 담대하여라. 두려워하지 말며 놀라지 마라. 이는 네가 어디로 가든지 네 하나님 여호와께서 너와 함께 할 것이기 때문이다." (여호수아 1:8-9)

이 말씀을 주신 의도는 여호수아가 어리석은 길로 가지 않도록, 그리하여 자신과 이스라엘에 재앙을 초래하지 않도록 하기 위함입니다. 하나님은 여호수아가 여호와의 말씀을 묵상하고 주의 깊게 행동하여 승리하라고 명령했습니다.

왜 하나님은 여호수아에게 경고할 필요가 있었을까요? 하나님은 전능하시고 기적을 행사실 수 있고 가장 절망적인 상황까지도 반전시킬 수 있는 분이 아니십니까? 하나님께 불가능한 것이 있습니까?

저는 본문에서 하나님은 나중에 후회하는 것보다는 안전하도록 미리 말씀하심으로써 도우시는 분이라는 것을 깨달았습니다. 하나님은 우리가 지혜롭게 행하길 원하십니다. 우리는 창조주 하나님의 뜻에 따라 세계를 정복하도록 타고났기 때문입니다.

## 6. 회복의 대가

회복하는데 얼마나 대가가 지불되는지 아십니까? 여기서 말하는 대가는 기적의 가치나 가격을 말하는 것이 아닙니다. 그 이유는, 기적은 하나님께로부터 오는 선물이기 때문입니다. 여기서 대가라는 말은 상처와 시간의 가치입니다. 상처란 육신의 상처가 치유된 이후에도 없어지지 않는 상흔을 말합니다. 그 상처는 언제나 거기 있고, 그 상처를 보는 사람마다 왜 생겼느냐고 물을 것이고, 대답을 알고 싶어 할 것입니다.

다른 대가는 시간입니다. 무너진 집을 다시 건축하는데 시간이 필요합니다. 동일한 양의 시간이 다른 유용한 일을 하는데 쓰여질 수도 있습니다. 우리가 얼마나 많은 시간을 허비하고 있는지 상상해 보십시오. 그리고 시간을 상실하면 기회도 상실하는 것입니다.


## 7. 육신을 강건하게 보전하라

성경은 예수님의 사역에 대하여 전해주고 있습니다. 예수님은 많은 사람을 고치셨고, 전혀 가망성이 없는 자를 일으켜 세우셨습니다. 그러나 예수님은 단지 다른 사람들, 그의 제자가 아닌 사람들을 고치셨다는 것을 주목해 보십시오. 제자들 중에는 치유와 기적이 필요한 자가 없었습니다. 그들은 수많은 치유 사역을 보았지만 치유 기적을 받은 아픈 제자는 없었습니다. 우리가 알다시피 치유는 병든 자에게 필요합니다. 제자들은 왜 병들지 않았을까요? 저는 그들이 예수님과 함께 있었기 때문이라고 생각합니다. 예수님은 제자들에게 삶의 원칙을 가르쳐 주셨고, 그들이 어떻게 건강하게 살 수 있는지, 그리고 나중에 후회하기보다는 질병에 대비하는 것이 안전하다는 것을 가르쳐 주셨다고 생각합니다.

예수님께서 제자들의 육신의 건강에 깊은 관심을 가지셨다고 믿게 하는 흥미로운 이야기가 있습니다.

"사도들이 예수께 모여 그들이 행하고 가르친 모든 것을 예수께 고하니, 예수께서 그들에게 말씀하시기를 '너희는 따로 외딴 곳으로 가서 잠깐 쉬어라.' 하셨으니, 이는 오고 가는 이들이 많아서 음식 먹을 겨를도 없었기 때문이다. 그들이 배를 타고 따로 외딴 곳으로 떠나갔다." (마가복음 6:30-32)

이 이야기를 보면, 사도들은 온 종일 사역을 마치고 돌아왔을 때 너무 피곤했습니다. 식사할 시간조차도 없었습니다. 제자들의 상태를 본 예수님은 즉시 조용한 장소에 가서 쉬라고 명했습니다. 여기서 우리는 예수님이 얼마나 제자들의 건강에 관심을 가지셨는지 알 수 있습니다. 지친 상태가 계속된다면 제자들도 틀림없이 병들었을 것입니다.

성경은 제자들이 가는 곳마다 무리들이 뒤따랐음을 보여줍니다. 예수님은 따르는 무리들을 불쌍히 여기시고 목자 없는 양과 같은 상태라고 했습니다. 그래서 가르치고 섬기기 시작했습니다. 그 때 그의 제자들은 어디에 있었습니까? 다음 구절을 주의 깊게 보시기 바랍니다.

"날이 저물어 가자, 제자들이 예수께 와서 말하기를 이곳은 광야이고 날도 이미 저물었다" (마가복음 6:35)

저녁이 가까워 오자 제자들은 쉬고 난 후, 제자들은 예수님이 자기들과 함께 계시지 않음을 알고 찾아 나섰습니다. 이 구절에서 제자들이 모두 함께 있지 않았음을 알 수 있습니다. 그들은 예수님이 지시한 대로 휴식을 취하고 있었습니다. 예수님은 이 모든 사람들을 스스로 섬기시고, 제자들에게 좀 쉬라고 했습니다. 제자들은 언제나 건강했음이 놀라운 일이 아닙니다. 우리 삶의 방식이 어떠해야 하는지 보여줍니다. 예수님을 알면 알수록 더욱 예수님이 가르쳐 주신 모범을 따를 수 있고, 실패할 가능성은 더욱 낮습니다.

기적의 은총에 대하여 하나님께 감사합니다. 나는 기적의 은총을 믿고, 하나님이 명하신 대로 지혜로운 삶도 믿습니다. 우리는 인생을 최대한 향상시키고 유용하게 살아야 합니다. 정복당하기보다는 정복하는 삶으로 부름 받았기에 세상 모든 사람을 위하여 모범이 되는 삶을 살아야 하겠습니다.

# 제4장
## 하나님 나라의 원칙

"하나님 나라는 하나님의 자녀들이 따라야 할

행동 원리와 원칙이 있다."

## 1. 하나님 나라는

예수님은 다양한 비유를 통해 하나님 나라의 원칙을 가르쳐 주셨습니다. 반복되는 비유는 적용 원리를 충분히 이해하도록 도와줍니다. 하나님 나라는 그 자체의 고유한 '게임의 법칙'이 있습니다. 이 불변의 법칙을 이해하고 적용함으로써 우리는 인생을 낭비하거나 파괴하지 않고, 하나님이 계획하신 대로 최대한 인생을 유용하게 살 수 있습니다.

회사 직원이 회사의 규정을 모르면서 일한다고 생각해 봅시다. 회사의 목표나 규정에 대한 무지 때문에 그는 회사의 유익을 위하여 자신의 능력을 최대한으로 발휘하지 못할 것입니다. 오히려 동료들과 문제를 일으킬 것이고, 자기 자신과의 관계도 불편할 것입니다. 퇴사 명령이 떨어질지 모릅니다. 회사가 사원에게 가르쳐 주지 않는다면 어떻게 알 수 있을까요? 회사가 규정을 사원에게 분명하게 전달해야 하는 것은 의무입니다.

회사는 규정뿐 아니라 직원이 좋은 평가를 받으면 누릴 수 있는 권리와 혜택에 대해서도 알려 주어야 합니다. 규정을 준수하여 좋은 성과를 올리면 받게 될 승진, 상여금, 임금 인상도 있을 것입니다. 예수님은 하나님 나라의 원칙을 제자들에게 열심히 설명했습니다. 제자들이 이런 원칙을 준수할 때 받게 되는 것들에 대한 희망을 가지도록 했습니다.

저는 실망하거나 좌절하면서 불평을 많이 하는 그리스도인을 보았습니다. 어떤 사람은 하나님을 떠나기도 합니다. 왜냐하면 그들이 성경으로부터 읽은 하나님의 약속의 실체를 결코 받지 못했다고 느끼기 때문입니다. 하나님이 그의 약속을 지키지 않았기 때문입니까, 아니면 많은 사람들이 하나님 나라의 원칙을 이해하지 못하고 그에 따라 살지 않기 때문입니까?

원리 = 인간 행동을 지도하는 도덕률

이 원리는 하나의 도덕률이라고 말할 수 있는데, 사람이 해야 하는 것과 하지 말아야 할 것에 대한 지침입니다. 하나님의 자녀들이 어떻게 행동해야 하느냐를 결정하고 인도하는 원리와 게임 법칙입니다.

그래서 하나님의 자녀는 하나님 나라의 원칙을 알아야 합니다. 우리의 행동은 하나님께서 우리에게 주신 원칙에 근거해야 합니다. 이 원칙대로 산다면 약속하신 대로 계속해서 승리할 것이라고 믿습니다. 잠재력을 최대한 발휘하는 길이며, 승리자로 알려질 것입니다.

어떤 계획이든 하나님 나라의 원리를 적용한다면 성공할 것입니다. 그러나 그 원칙을 따르지 않는다면 실패할 것입니다. 하나님 나라의 원리를 따라 행한다면 여러분의 기업은 성공할 것이고, 가족은 행복으로 넘칠 것입니다.

교회는 성도들이 하나님의 약속을 따라 살고, 그 결과를 향유하는 방법을 알도록 계속해서 이 원칙을 가르치고 실천할 의무가 있습니다. 이렇게 하면 적용하는 그들 자신이 하나님의 축복을 받을 뿐 아니라, 주변에 있는 사람들도 그 영향력을 느낄 것입니다. 교회는 하나님께 받음직하고 사람에게도 인정을 받을 것입니다.

"하나님의 나라는 먹는 것과 마시는 것이 아니고, 오직 성령 안에서 의와 평강과 기쁨이다. 이렇게 그리스도를 섬기는 자는 하나님을 기쁘시게 하고, 사람에게도 인정을 받는다." (로마서 14:17-18)


## 2. 올바른 악기 연주

하나님 나라의 원리를 쉽게 이해하도록 예를 들고 싶습니다. 전자악기의 키보드는 칠 때, 우리는 먼저 키보드를 전기 스위치에 연결시킵니다. 그 다음 건반을 ON 상태로 해야 합니다. 소리는 키보드 소리가 분명하게 전달되도록 맞추어야 합니다. 이 모든 것이 세팅된 후에 여러분은 키보드를 연주할 수 있습니다. 거기서 멈추면 안 됩니다. 악기를 가장 잘 연주하기 위해서는 코드에 대한 충분한 지식이 있어야 합니다. 코드에 대한 이해가 없다면 좋은 음향을 기대할 수 없습니다.

우리의 삶이 키보드와 같다고 생각합니다. 우리가 다른 사람들에게 우리의 소리, 말하자면 말과 행동을 알리고 그들의 좋은 반응을 기대하기 원한다면 우리는 먼저 하늘 아버지와 연결되어 있어야 합니다. 이것이 ON 되어 있는 상태이고(기독교 용어로 중생 상태라고 하겠습니다), 그 다음에 하나님의 자녀로서 기름 부음(성령 충만)을 받고 능력을 받아야 합니다(이것은 악기의 볼륨에 해당합니다). 가장 중요한 것은 우리가 하나님 나라의 원칙에 따라 살아야 하는 것입니다. 삶이란 악기에서 키보드를 바로 연주하는 것과 같습니다. 그렇지 않다면 악기에서 계속 소음과 불편한 소리가 나와 듣는 사람을 고통스럽게 할 것입니다.

하나님의 자녀, 믿음의 백성이라고 주장하는 사람이 많습니다. 그러나 많은 이들이 실제 생활에서 하나님 나라의 원리대로 따르지 않습니다. 그러면서 다른 사람이 자신의 음악에 귀 기울여 듣지 않는다고 의아해 하기도 합니다. 기름 부음이 부족하기 때문이라고 생각하고, 더 많은 기름 부음이 있어야 한다고 생각합니다. 그래서 더 많이 기도하고, 더 빨리 자주 기도합니다. 이것은 단지 여러분의 키보드 소리, 볼륨만 크게 하는 것과 같습니다.

사실은 여러분의 코드를 바로 치고, 약간의 멋진 즉흥곡을 더

한다면 아름다운 하모니가 될 것입니다. 사람들은 그것을 듣고자 모일 것이며, 그곳에서 여러분과 함께 있음을 즐거워할 것입니다. 인생이라는 음악이 듣기에 좋도록 준비되고 안정되어 있을 때, 그 다음에 할 일이 볼륨을 크게 하여 보다 많은 사람들이 들을 수 있게 하는 것입니다. 그러므로 우리가 하나님 나라의 원칙을 바로 알고, 삶의 키보드를 최대한 바로 연주해야 하겠습니다.

축구 경기에서 관중이 원하는 것은 승리뿐 아니라, 승리를 가져오는 과정의 수준 높은 경기 – 속도, 기술, 투지, 팀워크입니다. 이모든 것이 목적과 합하여 승리를 가져오고, 관중을 만족시키는 것입니다 이와 같이 하나님의 자녀들은 올바른 경기 실력을 연마하여 관중들의 존경과 사랑을 끌어내는 삶을 살아야 합니다.


### 3. 하나님 나라의 원칙 적용하기

최근 짧은 기간에 놀라운 삶의 변화를 가져온 한 사람의 이야기를 읽었습니다. 그는 가난하여 초등학교 3학년을 중퇴한 사람입니다. 주차장 보조원에서 시작하여 공공버스 기사가 되었고, 마침내 백만장자가 되기까지 그가 걸어온 길을 보여 주었습니다. 지금은 1천만 달러의 자산을 소유한 사업가가 되었습니다. 그의 성공 스토리는 그가 가진 재능과 기술을 연마함으로써 시작되었습니다. 그는 깨진 유리, 상자 박스, 합판 등을 사용하여 다양한 액세서리, 장식품을 만드는 법을 배 웠습니다. 그리고 인내심을 가지고 부지런히 살았다고 합니다. 그의 확 고한 결심은 힘든 상황들을 극복하고, 마침내 성공을 가져왔습니다.

이 같은 인생 스토리는 언제나 저의 관심을 주목하게 합니다. 유사한 사례는 많습니다. 어떤 사람은 오랫동안 한 회사에서만 일했는 데, 충성심과 책임감을 높이 인정받아 오너 사장이 되었습니다. 어떻게 이런 일이 있었는지 궁금하실 것입니다. 그 회사 창업주는 자녀가 없 어, 회사에서 가장 충성스럽고 책임감 있는 직원에게 회사를 물려주기 로 결심했던 것입니다. 작은 분식점으로 시작하여 지금은 큰 식당 체 인점을 운영하면서 자녀들을 해외로 유학시킨 사람도 있습니다. 어떤 주부는 미술에 재능이 있음을 발견하여 성공했습니다. 그 주부는 자 신의 재능을 찾고 꾸준히 연마했는데, 지금은 여러 나라를 다니면서 작품 전시회를 열고 있습니다.

이런 실제적인 삶의 간증에서 가장 관심을 끄는 것은 공통적 으로 그들이 모두 하나님 나라의 원칙을 충실히 적용했다는 사실입니 다. 어떤 사람은 기독교 신자가 아닌데도 그들의 삶에서 실질적으로 하 나님 나라의 원칙과 같은 방법을 적용했고, 놀라운 성취를 보여주었다 는 사실이 놀랍습니다. 원칙은 삶의 지혜이며, 좋은 결과를 가져옵니다.

기독교 신자가 아니지만 어떻게 하나님 나라의 원칙을 적용했을까요?

개인적인 경험을 나누고 싶습니다. 제가 인도네시아에서 가장 큰 은행에서 근무할 때입니다. 의무적으로 외국계 은행에서 실시하는 리더십 프로그램에 참가한 적이 있습니다. 강사 중 몇 사람이 나에게 충격을 주었습니다. 왜냐고요? 강사는 현대의 경영 전문 용어를 사용했지만, 그가 강의하는 리더십의 기본원칙이 놀랍게도 하나님 말씀의 원칙과 동일하다는 사실 때문입니다.

저는 그 프로그램을 통하여 많은 도움을 받았습니다. 어느 날 교회를 다닌다는 한 강사에게 강의 내용이 하나님 나라의 원칙에 바탕을 둔 것임을 알고 있는지 물었습니다. 그는 나의 말을 듣고 놀랐습니다. 그는 자신의 강의가 성경에서 말하는 원칙과 같다는 사실을 몰랐기 때문입니다. 그에게 몇 가지의 성경 이야기를 알려주자, 그도 놀랐습니다. 그는 "이 프로그램은 미국에서 가져온 것입니다. 그것을 만든 이가 기독교인이라고 들었습니다." 라고 말했습니다. 하나님 나라의 원칙과 실제적인 적용 – 얼마나 놀라운 사실입니까!


## 4. 바른 문으로 들어가기

"나는 문이니 누구든지 나를 통하여 들어가면 구원을 받을 것이며, 또

들어가고 나오면서 꼴을 얻을 것이다." (요한복음 10:9)


예수님은 문이라고 하셨습니다. 예수님을 아는 자는 누구든지 거듭 나며, 문이신 예수님을 통하여 하나님 나라로 들어갑니다. 예수님은 우리에게 이렇게 기도하라고 하셨습니다.


"그러므로 너희는 이렇게 기도하여라. 하늘에 계신 우리 아버지, 아버지의 이름이 거룩하게 되시고 아버지의 나라가 오시며, 아버지의 뜻이 하늘에서처럼 땅에서도 이루어지게 하소서." (마태복음 6:9-10)


저는 하나님 나라에는 실수가 없으며, 어떤 사건도 목적 없이 일어나는 것이 없다고 확신합니다. 하나님 아버지의 뜻은 완전합니다. 하나님은 당신의 백성들을 통하여 이 목적이 이 땅에서도 일어나기를 바라십니다. 하나님 아버지는 그 자녀들이 성공하고, 능력을 최대한 발휘하며 사는 것을 기뻐하십니다.

예수님이 하나님 나라의 원리를 우리에게 열심히 가르쳐 주셨는데, 그것은 인생 경기의 법칙을 알기를 원하시기 때문입니다. 그리하여 아버지의 계획이 우리를 통하여 땅에서도 이루어지게 하는 것입니다. 요약하면, 예수님은 인생의 비밀을 우리에게 나누어 주셨습니다.

"그러므로 내가 저들에게 비유들로 말하는 것은 저들이 보아도 보지 못하고, 들어도 듣지도 못하고 깨닫지도 못하기 때문이다." (마태복음 13:11)

　　이 같이 우리의 바른 문인 예수님을 통해 비밀을 배운 우리는 하나님 나라의 원칙을 따라 하나님께서 명하시고 약속하신 대로 살아야 합니다. 놀라운 비밀과 해답이 주어져 있음에도 불구하고, 하나님의 말씀을 읽는 것도 듣는 것도 귀찮아하는 사람이 있다는 것은 불행한 일입니다. 그러면 결코 한층 더 높은 다음 단계로 나아갈 수가 없기 때문입니다.

# 제5장
 능력의 법칙

"내가 부여받은 능력으로 무엇인가 하지 않는다면

그 능력은 자동적으로 멀어지게 마련이다."

## 1. 달란트 비유

"또한 하늘나라는 한 사람이 외국에 가면서 자신의 종들을 불러 자기 소유를 맡긴 것과 같으니, 그가 각각 그 능력에 따라 한 사람에게는 다섯 달란트를, 한 사람에게는 두 달란트를, 한 사람에게는 한 달란트를 나누어 주고 떠났다. 다섯 달란트 받는 자는 바로 가서 그것으로 장사를 하여 다섯 달란트를 더 벌었고, 두 달란트를 받은 자도 그와 같이 하여 두 달란트를 더 벌었으나, 한 달란트 받은 자는 가서 땅을 파고 자기 주인의 돈을 감추어 두었다. 오랜 기간이 지난 후에 그 종들의 주인이 돌아와서 그들과 계산을 하였다. 다섯 달란트 받은 자가 다섯 달란트를 더 가지고 와서 말하기를 '주인님, 주인님께서 저에게 다섯 달란트를 맡기셨는데 보소서, 제가 다섯 달란트를 더 벌었습니다.' 하니, 그의 주인이 그에게 말하였다. '잘하였다. 착하고 충성된 종아. 네가 작은 일에 충성하였으므로, 내가 네게 많은 것들을 맡길 것이니, 네 주인의 즐거움에 참여하여라.' 그러자 두 달란트 받은 자도 와서 말하기를 '주인님, 주인님께서 저에게 두 달란트를 맡기셨는데 보소서, 제가 두 달란트를 더 벌었습니다.' 하니, 그의 주인이 그에게 말하였다. '잘하였다. 착하고 충성된 종아. 네가 작은 일에 충성하였으므로, 내가 네게 많은 것들을 맡길 것이니, 네 주인의 즐거움에 참여하여라.' 그런데 한 달란트 받았던 자는 와서 말하기를 '주인님, 저는 주인님께서 엄한 분으로 심지 않은 데서 거두시고 뿌리지 않은 데서 모으시는 줄 알았으므로, 두려워하여 나가서 주인님의 달란트를 땅에 감추어 두었습니다. 보소서, 주인님의 것입니다.' 하니, 그의 주인이 그에게 대답하여 말하였다. '악하고 게으른 종아. 너는 내가 심지 않은 데서 거두고 뿌리지 않은 데서 모으는 줄 알았느냐? 그렇다면 너는 내 돈을 이자 놀이하는 자들에게 맡겨 내가 돌아올 때에 내 돈을 그 이자와 함께 받도록 했어야 했다. 그러므로 그에게서 한 달란트를 빼앗아 열 달란트 가진 자에게 주어라. 가진 자는 더 주어져서 풍성해질 것이나 갖지 못한 자는 그 가진 것마저도 빼앗길 것이다. 저 무익한 종을 바깥 어두운 곳으로 내쫓아라. 거기에서 통곡하며 이를 갈 것이다." (마태복음 25:14-30)

이 달란트 비유는 예수님이 가르친 많은 비유 중 하나입니다. 이 비유에서 우리는 성공을 달성하기 위하여 나침반으로 삼아야 할 매우 가치 있는 하나님 나라의 원칙을 배울 수 있습니다. 하나님은 우리에게 약속하셨습니다.

## 2. 하나님의 위임

재산은 부로 인정되는 가치 있는 모든 것을 말합니다. 이 비유에서 부유한 주인은 자신의 종들에게 재산을 일정 기간 잘 관리하도록 맡겼습니다. 종들은 자기 능력에 따라 일정한 양의 돈을 받았습니다. 말하자면 다섯 달란트 받은 종은 다섯 달란트를 운용하고 관리할 능력이 있었기 때문에 그만큼 받았습니다. 두 달란트 받은 종도, 한 달란트 받은 종도 각자 능력에 따라 그만큼 받았습니다.

예수님은 우리를 선한 청지기로 인정하고 값진 보화를 잘 활용하고 관리하도록 맡기셨다고 설명하십니다. 가치 있다고 생각하는 모든 것, 그것이 재능이든, 축복이든, 돈이든, 하나님의 말씀의 계시이든 모두 특별한 목적을 위해 우리에게 맡기신 것입니다. 그러나 많은 사람들이 그가 받은 재능이 하나님으로부터 위임 받았다는 사실을 망각하고 자신의 것인 것처럼 자랑하며 교만하게 살아갑니다.

"그 때 너희는 속으로 말하기를 '내 능력과 내 손을 힘으로 이 많은 부를 얻었다' 고 말한다." (신명기 8:17)


## 3. 물건도 능력을 가지고 있다

사람은 각자 능력에 따라 많은 달란트를 받았습니다. 우리가 지혜롭게 살고 승리하려면 이 사실을 알아야 합니다. 중요한 원리이기 때문입니다. 우리 주변의 물건도 모두 능력을 가지고 있음을 아십니까? 컴퓨터, 자동차, 회의장, 음향기기, 비행기, 전구 등을 예로 들 수 있습니다. 이 물건들은 각기 다른 능력이 있고, 감당할 수 있는 한계가 있습니다. 이런 능력은 이 세상의 물건뿐 아니라, 하나님 나라에서도 적용되는 능력의 법칙이라 말할 수 있겠습니다.

사용자가 주의해야 할 사항이 대상 물건의 겉면에 부착되어 있는 경우가 많은데, 사용자가 그 물건의 능력과 한도를 초과하여 사용하지 않도록 미리 알려주기 위한 것입니다. 승강기 안에는 중량 한도를 보여주는 표지판이 붙어 있고, 트럭에도 운반할 수 있는 능력을 알려주는 표지판이 붙어 있습니다. 이런 물건들이 감당할 수 있는 능력을 초과하여 사용하면 어떻게 될까요? 문제가 생겨 평상시보다 가동속도가 느리거나 빨리 고장이 나거나 파괴되기도 하고, 큰 사고를 내기도 합니다.


## 4. 능력에는 크기가 있다

사람들도 제각기 능력을 가지고 있습니다. 하나님은 각 사람에게 계획을 두시고 아주 독특하고 서로 다르게 하나님 보시기에 아주 좋은 작품으로 지으셨습니다. 이것이 사람이 각각 다른 하나님의 보화를 위임 받은 이유입니다. 하나님만이 우리에게 능력 – 관리하고 사용할 수 있는 능력을 주셨습니다.

개인의 능력은 서로 다릅니다. 육체적 능력뿐 아니라 마음과 생각, 감정의 크기를 말하고 있습니다. 어떤 사람은 장시간 연속 회의에 참석해서도 지속적으로 집중할 수 있는 능력이 있지만, 어떤 사람은 끈기와 집중력이 부족하여 중간에 일어나 휴식을 원하는 사람도 있습니다. 어떤 사람은 공감 능력이 뛰어나 슬픈 이야기를 보거나 들으면 동정심에서 도와주기도 하지만, 어떤 사람은 공감 능력이 약하여 같은 이야기를 듣고도 아무런 감정을 느끼지 못할 수도 있습니다.

여러분의 남편이나 아내, 또는 친구나 상사에게 아주 단순해 보이는 어떤 것에 대하여 말하는데 그들의 반응이 기대와는 달리 시큰둥하다고 느낀 적이 있습니까? 이전에 같은 이야기를 한 적이 있다면 그들은 실망하거나 화를 낼 지도 모릅니다. 왜 그렇습니까? 공감 능력의 한계로 들어줄 능력이 없기 때문입니다.

예를 들어보겠습니다. 탑승자가 가득한 승강기 안으로 어떤 아이가 들어오려는 경우입니다. 승강기 경고음은 이미 승강기가 한도를 초과했다는 것을 알리기 위하여 자동적으로 울릴 것입니다. 그러나 빈 승강기에 탄다면 경고음은 절대 울리지 않을 것입니다. 우리 마음의 능력도 마찬가지입니다. 우리 모두 능력에 한도가 있고, 그 능력이 사람마다 다르기 때문입니다.

남편이나 아내, 또는 상사가 실망하는 이유는 여러분이 적합하지 않은 주제를 적합하지 않은 때에 말했기 때문일 수도 있습니다. 여러분이 그 주제를 말하기 전 바로 그때, 그들의 마음은 다른 일로 인해 상해 있을지도 모릅니다. 여러분이 말하기 전에, 이미 다른 사람이 머리 아픈 문제를 가져와서 그들 마음에 동요를 일으켜 그들이 더 이상 어떤 것도 수용하지 못하는 상태에 있기 때문입니다. 아주 평이한 주제에 대하여 이야기할지라도 그것마저 수용할 마음의 능력이 남아 있지 않기 때문입니다.


## 5. 큰 축복, 작은 능력

회사의 한 젊은 이사의 이야기입니다. 자신의 차를 수리하기 위해 정비소에 맡긴 동안 사장이 벤츠를 빌려주었습니다. 즐겁고 자부심에 차서 그는 집에 몰고 가서 그 멋진 차로 가족들과 드라이브를 했습니다. 며칠 후 휘발유를 주입할 때가 되었습니다. 그런데 기름 탱크를 가득 채우기 위하여 자신의 차보다 4~5배 많은 휘발유를 주입해야 한다는 것을 알았습니다. 며칠 후에는 벤츠가 고장이 나서 정비소에 맡겼는데, 부품 하나가 부서져 교체해야 한다고 했습니다. 그는 부품 가격이 엄청나게 비싼 것을 알고 충격을 받았습니다. 그 때 그는 고급 자동차를 사용하기 위해서는 그것을 감당할 수 있는 재정적인 능력이 있어야 함을 알았습니다.

　이 같은 예는 하나님의 백성들 삶 속에서 자주 만나는 문제입니다. 많은 사람들이 보다 큰 축복을 원하지만 그들이 가진 실제적인 능력과 그릇은 아주 작습니다. 작은 크기의 능력으로는 많은 축복을 감당하거나 적절하게 누릴 수가 없습니다. 오히려 부담만 가중됩니다. 우리는 때로 최고의 축복을 받았을 때 오히려 깨어지는 가정에 대한 이야기를 듣습니다. 한 때 신앙적 열정이 있었던 남편이 승진하거나 축복을 받고 나서 오히려 게을러지고 하나님을 떠나고 불륜에 빠지는 경우도 있습니다. 이것은 사람의 신앙적, 도덕적 능력의 크기가 여전히 작거나, 또는 하나님의 축복을 받을 준비가 되어 있지 않아 생기는 사례입니다.

## 6. 능력을 키워야 한다

　내가 기독실업인 모임에서 설교를 할 때, 그들에게 질문했습니다. "여러분에게 1만 달러의 수입이 있다면 십일조를 얼마나 드리겠습니까?" 그들 모두 1천 달러라고 대답했습니다. 다시 질문했습니다. "10만 달러의 수입이 있다면 얼마나 하시겠습니까?" 그들은 1만 달러라고 대답했습니다.

그때 내 앞에 앉은 사람이 "그 많은 돈을 교회에 바치는 것은 어리석은 일이야!" 라고 말했습니다. 이렇게 말하는 자는 생각과 마음의 크기가 제한되어 있어 10만 달러라는 돈이 따라가지 않을 것입니다. 여러분의 마음이 10만 달러의 십일조로 1만 달러를 하나님께 드릴 능력이 없다면 하나님께 10만 달러를 구하거나 바라는 것은 합당치 않습니다. '큰' 축복을 받기 위하여 우리는 큰 그릇, 큰 능력이 필요합니다. 우리가 하나님께 약속을 지키라고 요구하면서 스스로는 하나님이 정하신 원칙에 따르지 않는다면, 축복을 잃어버릴 것입니다. 한 선교사가 말한 것이 생각납니다.

"하나님이 주신 구원의 선물은 대가가 없습니다. 그러나 하나님의 약속도, 모든 계약이 다 그러하듯이 조건부입니다. 한 당사자가 계약조건을 위반하면 계약이 무효가 됩니다."

이 말은 하나님 나라에서도 그대로 적용되는 원리이고, 진실입니다. 결론적으로, 우리 능력의 크기는 받기를 원하는 소원의 크기와 맞아야 합니다.

## 7. 생각과 안목도 키워야 한다

교회의 성도 수가 적을 때는 목사가 교인 모두에게 세심한 신경을 쓸 수 있습니다. 한 성도가 주일 예배에 참석하지 않으면 목사는 관심을 갖고 전화를 하거나 심방할 것입니다. 상담을 하고 싶으면 언제나 만날 수 있습니다. 목사가 특정한 날에 심방을 하여 충분한 대화도 나눌 수 있습니다. 그러나 성도 수가 많아지면 목사는 성도 모두를 세심하게 보살피기 어렵습니다. 성도들도 목사를 만나기가 더 어렵다는 것을 압니다. 이제는 목사와 면담하기 위해 비서와 미리 약속을 해야 합니다. 이로 인해 어떤 성도들은 목사가 오만해졌고, 더 이상 자신들에게 신경을 쓰지 않는다고 생각하고 실망합니다.

이것은 교인들의 생각이 얼마나 좁을 수 있는지를 보여줍니다. 목사가 성도들의 안목을 키워주기 위해 노력하지 않고, 교회 외형 성장시키는 일에만 분주할 때 생길 수 있습니다. 많은 교회가 경쟁적으로 큰 교회가 되려고 합니다. 그러나 목사와 동역자, 성도들의 마음과 생각의 크기는 여전히 작습니다. 목사의 일과 목사 자신의 능력의 크기, 성도들의 안목 등이 조화를 이루지 못한다면 교인 수의 증가는 오히려 예기치 못한 큰 문제를 유발시킬 것입니다.

많은 그리스도인 역시 현실 속에서 능력의 크기는 작지만, 큰 자리를 차지하고 큰 축복을 받기를 원합니다. 큰 자리와 큰 축복을 구하지만 실상 감당할 능력의 크기를 가지고 있지 않습니다. 큰 직책과 큰 축복이 그들에게 주어진다면 어떻게 될지 상상할 수 있습니까? 충동적인 행동과 오만, 심한 스트레스로 인한 건강 악화와 사고, 인간관계의 실패와 가정 파산 같은 결과 등 많은 문제들이 불거질 가능성이 매우 큽니다.

단기간에 사업가로, 예술가로, 또는 목회자로 자기 분야에서 매우 성공한 사람이라면 자신의 생각이나 마음에 합당한 크기의 능력을 구비해야 합니다. 그렇지 않다면 삶은 균형을 잃을 것이며, 쉽게 주저앉을 것입니다. 불균형적인 삶을 은폐하기 위한 몸부림에서 성적 타락, 마약, 알코올 중독, 투기와 도박과 같은 방탕한 삶에 빠질 수 있다는 것은 이상한 일이 아닙니다.

## 8. 능력을 최대한으로 활용하라

"다섯 달란트 받은 자는 바로 가서 그것으로 장사를 하여 다섯 달란트를 더 벌었고, 두 달란트를 받은 자도 그와 같이 하여 두 달란트를 더 벌었으나" (마태복음 25:16-17)

"그렇다면 너는 내 돈을 이자 놀이하는 자들에게 맡겨 내가 돌아올 때에 내 돈을 그 이자와 함께 받도록 했어야 했다. 그러므로 그에게서 한 달란트를 빼앗아 열 달란트 가진 자에게 주어라." (마태복음 25:27-28)

　　이 비유의 첫 부분에서 우리는 종이 다섯 달란트를 관리할 수 있는 능력이 있기 때문에 다섯 달란트를 받았음을 알 수 있습니다. 두 달란트 받은 자도 그만한 관리 능력이 있기 때문입니다.

　　비유 뒷부분에서 다섯 달란트 받은 종이 나중에 열한 달란트로 끝났다는 사실이 흥미롭습니다. 그는 다섯 달란트를 가지고 장사하여 배를 남겨 열 달란트를 만들었고, 나중에 게으르고 어떻게 관리할지 모르는 종의 몫인 한 달란트까지 받아 열한 달란트가 되었습니다. 두 달란트 받은 종도 배를 남겨 네 달란트가 되었습니다.

　　그 종들의 삶에 일어난 일이 무엇입니까? 그들의 능력에 따라 받지 않았습니까? 능력을 확대시키는 것이 가능합니까? 그렇습니다. 가능합니다. 이를 능력강화(capacity upgrade)라 하고 싶습니다. 두 종이 열심히 일하여 더 많은 달란트를 받았다는 것을 보면 그들은 자신이 감당할 능력의 크기를 꾸준히 강화시켜온 것입니다.

## 9. 초청받는 즐거움

"네 주인의 즐거움에 참여하여라." (마태복음 25:21-23)

　　이 비유에서 하나님은 당신의 백성들이 이익을 내는 것을 결코 금하지 않는다는 것을 알 수 있습니다. 이익을 성공적으로 잘 남긴 종들은 그들이 얻은 성과와, 그 결과 주인이 베푸는 즐거운 잔치에 초청받기 때문에 매우 기뻐할 것입니다. 한편, 한 달란트 받은 종은 능력을 향상시키지 않아 받은 한 달란트도 활용하지 못했기 때문에 있는 한 달란트마저도 빼앗기게 되어 아무 것도 남은 것이 없습니다. 그 종은 능력을 향상시켰다기보다 능력을 저하시킨 것입니다. 우리도 하나님께 받은 달란트를 열심히 활용하지 않는다면 스스로 능력을 저하시키고, 남는 것이 없는 뼈아픈 결과를 맞게 됩니다.

"저 무익한 종을 바깥 어두운 곳으로 내 쫓아라. 거기에서 통곡하며 이를 갈 것이다." (마태복음 25:30)

　　이 종에게 일어난 일은 큰 비극입니다. 그의 두 동료에게 일어난 일과는 정반대입니다. 여기서 우리에게 주는 교훈은 초기에 달란트(인생의 투자 자본)를 축복으로 받았지만 그것을 가지고 어떤 선택을 했느냐에 따라 그들의 운명 – 즐거움 또는 슬픔 – 이 달라졌다는 것입니다.

이 비유는 어떻게 지혜롭게 살고, 많은 축복을 받아 어떻게 활용해야 하는지, 그리고 균형 있는 삶을 살고 진정한 즐거움을 경험하는지에 대한 하나님 나라의 원리를 가르쳐 줍니다.

## 10. 마음을 관리하라

회사의 사장이든 부서장이든, 가정의 가장이든 담임 목사든 어떤 직책에 있든지 좋은 지도자가 되기 위해서는 큰 능력, 특히 생각과 마음의 능력이 있어야 합니다. 지도자의 균형 있는 삶은 그를 믿고 따르는 사람들에게 좋은 모범과 길잡이가 됩니다.

"그 무엇보다도 네 마음을 지켜라. 마음은 생명의 근원이기 때문이다."

(잠언 4:23)

"물이 얼굴을 비추듯이 사람의 마음도 다른 사람에게 비춰진다." (잠언 27:19)

마음이 생명의 근원이며, 중심입니다. 성경은 삶의 모든 문제가 마음에서 나온다고 말합니다. 그러므로 능력을 강화하길 원하면 마음으로부터 시작해야 합니다. 믿는 자의 모든 생각이 마음에서 나옵니다. 선글라스를 쓰면 햇빛이 차단되어 모든 사물이 흐리게 보입니다. 우리 마음의 상태는 선글라스처럼 우리 생각과 삶에 영향을 미칩니다. 내 마음 상태가 나의 세계와 가치관을 드러냅니다. 따라서 마음을 강화하면 나의 세계도 강화됩니다.

능력을 강화하기 위하여 우리가 할 수 있는 일이 있습니다. 한편, 하나님께서 나를 위해 하시는 영역이 있습니다. 먼저 나누고 싶은 것은 어떻게 우리의 능력을 강화하느냐 입니다. 그 다음에 하나님께서 나를 위하여 무엇을 하시는지 나누고자 합니다. 능력 강화를 위하여 우리가 할 수 있는 세 가지가 있습니다.

1. 투자하기 – 비즈니스 세계에서는 새로운 것이 아닙니다. 사업가들은 사업 확장을 위해 투자가 필요함을 알고 있습니다.

2. 충성심과 책임감 – 충성심과 책임감은 직원을 채용할 때 회사에서 요구하는 자질입니다. 그러나 그런 사람을 찾기가 점점 어려워지고 있습니다.

3. 지속해서 배우기 – 지식은 엄청난 힘입니다. 지식을 가진 자는 앞서 갈 수 있습니다.

"네 장막 터를 넓히고 네 사는 곳의 휘장을 펼치며, 아끼지 말고 네 줄들을 길게 하며 네 말뚝을 단단히 하여라. 네가 좌우로 퍼지고 네 자손들은 이방 백성들을 소유하며 사람들은 황폐한 성읍들에 정착할 것이다." (이사야서 54:2-3)

제6장
## 하나님의 투자 법칙

"저축하면 이자만큼 재산이 늘어나지만 투자하면

배가 된다."

## 1. 흩어 증식하는 법칙

"다섯 달란트 받은 자는 바로 가서 그것으로 장사를 하여 다섯 달란트를 더 벌었고, 두 달란트 받은 자도 그와 같이 하여 두 달란트를 더 벌었으나, 한 달란트 받은 자는 가서 땅을 파고 자기 주인의 돈을 감추어 두었다." (마태복음 25:16-18)

얼마나 대조적인 행동입니까! 두 종은 주인의 돈을 사용했지만, 한 종은 땅을 파고 돈을 감추어 두었습니다. 두 종은 달란트를 활용했지만(let go), 한 종은 감추어 두었습니다(hide, keep).

"…바로 가서 그것으로 장사를 하여…" (마태복음 25:16)

두 종은 달란트를 가지고 즉시 나가서 활용했다는 말은 받은 달란트를 점유만 하고 있지 않았다는 것입니다. 일정 기간 지난 후, 두 종은 두 배로 만들어 돌아왔습니다. 여기서 활용했다는 것은 가진 것을 흘려보낸 것이 아니라, 목적을 가지고 투자했다는 의미입니다. 투자는 수익을 목적으로 돈이나 자원을 분배하는 것입니다. 앉아서 아무 것도 하지 않는 것이 아니라, 비즈니스나 어떤 일을 하는 것입니다. 우리가 씨앗을 뿌리면 잠시 동안 그 씨앗은 눈에 보이지 않습니다. 그러나 추수 때가 되면 수십 배의 수확을 얻습니다. 농부가 씨를 뿌릴 때, 뿌리는 일에 목표가 있는 것이 아니라 추수기에 거둘 것을 기대합니다. 농부의 손에 있는 씨앗은 뿌리지 않으면 아무 것도 거둘 수 없습니다.

"흩어 나눠 주는 자는 더욱 부하게 되지만 지나치게 아끼면 가난해질 뿐이다." (잠언 11:24)

이 말씀은 하나님 나라의 투자 원칙입니다. 경제학에서도 저축을 하면 이자를 얻지만, 투자하면 여러 배를 얻을 수 있다고 합니다. 회사들이 영업을 잘 하려고 상품 견본을 무료로 나누어 줍니다. 그 견본 상품이 소비자의 마음에 들면 수요가 늘어날 것입니다. 그리고 그렇게 해서 얻은 판매 수입은 무료로 나누어준 견본품의 비용과는 비교할 수 없습니다.

물론 '팔리지 않으면 어떻게 되나?' 하는 부담은 있습니다. 그렇습니다. 투자에는 부담이 있습니다. 지금 널리 사용하는 스마트폰이나 최신 컴퓨터도 누군가 개발 초기에 위험을 감수할 용기가 없었다면 우리는 결코 사용하지 못했을 것입니다. 삶에는 위험 부담이 있습니다. 해산할 때 생사의 위험 부담을 갖지 않는 어머니가 어디 있습니까? 같은 이치로 하나님의 자녀로서 우리가 행동할 때도 믿음과 용기가 필요합니다.

"믿음이 없이는 하나님을 기쁘시게 할 수 없으니, 하나님께 나아가는 자는 하나님이 계신 것과, 하나님은 자신을 찾는 자들에게 상 주시는 분이심을 믿어야 한다." (히브리서 11:6)

회사가 능력을 증대시키기 위해서는 새 공장을 짓든지, 고급 설비나 최신 장비를 도입하든지, 직원 해외 연수를 보내든지 어떤 형태이든 투자해야 합니다. 투자를 위해 많은 자금을 사용해야 한다는 뜻입니다. 회사가 투자를 하지 않으면 현재 가지고 있는 생산 능력만큼만 가동할 수 있습니다. 다른 경쟁 회사들은 계속 투자하고 생산 능력을 확장하므로, 투자하지 않는 회사의 시장 점유율은 갈수록 감소할 것입니다.

회사에 적용되는 이런 기본 원칙이 교회라고 해서 예외가 아닙니다. 교회가 성장과 성숙을 원한다면 투자를 해야 합니다. 지금까지 대부분 교회 투자는 건물이나 예배 장소를 대상으로 했습니다. 그러나 이제 교회는 외형보다 인적자원이나 교육, 효과적인 복음 전도를 위한 정보기술과 같은 것에 눈을 돌리고 투자해야 합니다.

## 2. 활용하는 것에 대한 두려움

"한 달란트 받은 자는 가서 땅을 파고 자기 주인의 돈을 감추어 두었다." (마태복음 25:18)

한 달란트 받은 종의 가장 큰 잘못은 달란트를 가지고만 있었던 것입니다. 그는 주인의 의도를 잘못 알았고, 두려움이 많았습니다. 받은 것을 투자할 용기가 없었습니다. 많은 기독교인들이 이 종과 같습니다. 하나님의 축복이 부어지기를 바라지만, 그들이 가진 것을 투자할 생각과 믿음을 가지고 있지 않습니다. 하나님 나라의 원칙과 정반대로 생각하고, 행동하는 것입니다. 그들이 계속 빼앗기고 가난하게 되는 이유입니다.

"내가 살기도 부족한데 어떻게 십일조를 드립니까?" 한 성도가 목사에게 불평했습니다. "일상의 필요를 위해 한 푼이라도 저축하려고 노력하지만 아직 충분치 않아 십일조를 하지 않습니다!" 라고 변명합니다. 실상은 물질이나 시간이나 건강으로 드리는 십일조도 좋은 땅에 뿌리는 씨앗과 같습니다. 그것이 자라서 수십 배의 열매를 맺습니다. 사과 속에는 얼마나 많은 씨앗이 있습니까? 씨앗 하나가 자라서 얼마나 많은 사과가 열리는지 생각해 보셨습니까? 이것이 투자의 법칙이며, 씨앗 비유의 핵심입니다.

## 3. 기회가 없음

"우리 목사님은 본 교회 밖에서의 봉사를 금하고 있습니다."

재능이 많은 찬양 인도자가 기독인 연주회에 참가하기를 오래 기다려 왔는데, 담임목사가 원치 않는다는 말을 듣고 매우 실망하여 말했습니다.

어떤 예배 인도자는, 다른 교회 인도자가 갑자기 외국 출장으로 공석이 되어 예배 인도를 대신해 달라는 요청을 받았을 때 말했습니다.

"미안하지만 나는 할 수 없습니다. 본 교회 내에서 인도자로 섬길 일정이 없을 때에도 담임목사는 본 교회 예배에 참석하라고 말합니다."

찬양이나 예배 인도자가 혹시 다른 교회로 옮겨갈지 모른다는 두려움 때문에 목회자가 이런 생각을 한다면 이는 하나님 나라의 투자 원칙에 거슬리는 것입니다. 외부 기독인 연주회에 참가한다는 것이 무엇이 잘못되었습니까? 찬양 인도자가 일정이 없어 도움이 필요한 다른 교회를 도울 수 있다면 얼마나 아름답고 자랑스러운 일입니까?

많은 목회자가 교인이나 동역자를 빼앗길지도 모른다고 두려워합니다. 그런 이유로 자기 교인이 다른 교회 예배나 행사에 참석하거나 도와주는 것을 금하는 것은 하나님 나라의 원칙에 거슬리는 것입니다.

반대로, 큰 잠재력이 있는 일꾼이 여러분의 교회에 와서 봉사하고 협력할 수 있다는 것을 왜 생각하지 않습니까? 목사가 자기 교회 집회만 참석하라고 협력을 거부하는 폐쇄적인 태도로 말미암아 하나님이 주신 빛을 드러낼 기회를 갖지 못한다는 사실이 더 두렵지 않습니까? 이런 태도는 한 달란트를 받은 종이 활용하라고 준 값진 보배를 그냥 땅 속에 숨겨 놓는 것과 무엇이 다릅니까?


## 4. 주라, 후히 받으리라

"주어라 그러면 너희에게 주어질 것이니…" (누가복음 6:38)

나는 하나님의 말씀을 처음 설교했던 당시를 뚜렷하게 기억합니다. 그때 나는 단 하나의 주제를 가지고, 그 하나의 말씀을 집중하여 나누었습니다. 나는 그 주제에 대하여 충분히 설교했습니다. 열심히 집중하여 설교하는데, 다른 말씀들이 내 마음에 떠오르기 시작했습니다. 지금도 집중하여 전하면 그렇습니다.

한 무리의 젊은이들, 지금은 저의 친구가 되었지만 그들이 성경을 배우려고 나를 찾아왔습니다. 나는 알고 있는 모든 말씀과 삶을 그들과 나누었습니다. 어떤 것도 숨기지 않았습니다. 그런데 이상한 것은 내가 나눌수록 나 자신이 더 충만해지고 성장한다는 사실이었습니다.

그리스도인의 일상의 삶이 바로 이런 것이라고 믿습니다. 보다 많이 받는 길은 내가 받은 것, 내가 가진 것을 먼저 주는 것입니다. 나에게서 너에게로 건너가는 것입니다.

"내가 당신을 위해 무엇을 기도해 드릴까요?" 라는 말보다 "저를 위해 기도해 주십시오." 라는 말을 더 자주 듣습니다. 하나님의 인도하심과 축복에 대한 많은 간증거리가 있고 나눌 기회가 있는데도 불구하고, 침묵하고 기회를 그냥 흘려보내는 성도들이 있습니다. 나누려고 하지 않기 때문에 하나님으로부터 더 많은 것을 받을 기회의 문을 닫아버리는 것입니다. 끊임없이 나의 마음을 드리고, 나누도록 하십시오.


## 5. 내가 가면

"내가 진정으로 진정으로 너희에게 말하니, 나를 믿는 자는 내가 하는 일들을 그 자신도 할 것이요, 이보다 더 큰일들을 그 자신도 할 것이요, 이보다 더 큰일들도 할 것이다. 나는 내가 아버지께로 가기 때문이다." (요한복음 14:12)

성경은 예수님이 떠나신 후, 제자들이 훨씬 더 크고 많은 일을 했다고 기록하고 있습니다. 예수님이 떠나신 후, 남아 있는 제자들은 더 성장했습니다. 예수님이 하신 일들, 아니 그보다 더 큰일을 하기 시작했습니다. 예수님이 계속 제자들과 같이 있었다면 제자들은 예수님만 더 의지하고 자립 신앙을 갖지 못했을 것입니다. 어떤 사람이 병들거나 악령에 사로잡혔다면, 스스로 고치려고 시도하기보다 예수님께 데리고 갔을 것입니다. 그러나 예수님이 떠나신 후, 제자들이 의지할 아무도 없었습니다. 원하든 원치 않든 그들은 도움이 필요한 상황을 직면해서 행동하고 해결해야 했습니다. 이렇게 제자들은 더욱 사역하는 것을 배웠고, 말씀의 능력을 더 깊이 체험하였고, 큰 그릇으로 성장해갔습니다.

그들의 사역은 예수님이 옆에 계셨을 때보다 더 활기차게 성장했고, 그들의 사역으로 수많은 사람들이 회개하고 믿었습니다.


## 6. 원칙을 위반함

"주어라 그러면 받을 것이니…" 이 원칙은 선교 활동에서도 잘 지켜지지 못하고 있습니다. 선교 행사가 쉽게 준비되고, 성의와 사랑이 없이 싸게 이루어지는 경우가 많습니다. 그리고 선교란 명목으로 다른 사람에 대한 성의를 소홀히 하고, 쉽게 강요하기도 합니다. 정말 하나님을 위한 선교 활동이나 행사라면 우리는 최상의 성의와 사랑을 드려야 하지 않겠습니까?

예를 들면, 바쁜 목사가 하나님과의 경험을 교인들과 나누도록 멀리서 초청을 받아 전 교회가 은혜와 축복을 받았는데, 교회가 받은 축복에 적절한 사랑의 표현을 하지 않을 때입니다. 복음 성가 가수나 무비 스타가 교회 행사에 봉사하도록 초청받아 노래와 간증으로 교회를 축복하며 최상의 연기를 보낼 것을 기대하면서도 교회가 선교라는 명목으로 사랑의 표현을 등한시 하는 경우입니다.

그들이 사랑을 표현하고 나눌 능력이 없어서가 아니라, 그들의 희생과 헌신을 교회이므로 당연하다고 생각합니다. 초청하는 교회를 비난하는 것이 아니므로 오해 없기를 바랍니다. 하나님 나라의 원칙에 대하여 말하고 있습니다. 우리가 최상을 기대한다면, 우리도 최상의 사랑과 감사를 드려야 할 것입니다. 이런 원칙을 적용하지 않는 결과, 우리는 손해를 보고 있습니다.


## 7. 투자를 하라

2년 전, 세미나에 참석하기 위해 호주에 간 적이 있습니다. 초청

받은 강사들은 저명한 목회자들이었습니다. 그들은 강력한 복음을 나누었습니다. 회의장 바깥에는 많은 도서와 비디오, 설교 테이프가 판매용으로 전시되었습니다. 제목들이 나를 사로잡았는데, 특별히 오늘날 시사적인 것과 관련한 책들이었습니다. 그러나 인도네시아 사람인 저는 가격이 비싼 것에 놀랐습니다. 루피아로 환산하니 얼마나 큰 금액인지요! 그러나 이 강사들이 하나님께 받은 복음적 가치가 얼마나 큰지 알았습니다. 왜냐하면 그들이 전하는 복음 뒤에는 강사들이 그 동안 지불했을 대가가 매우 높은 것이기 때문입니다.

더욱 놀란 것은 대부분 참석자들이 이런 책과 설교 테이프, 비디오를 구입하려고 달려가는 모습이었습니다. 인도네시아에서 온 나와 다른 참석자들은 가격을 알고는 조용히 내려놓고 나왔습니다. 어느 누구도 판단할 것 없이 그 큰돈을 그런 것을 구입하는데 사용하기보다는 사랑하는 가족을 위해 선물을 사는 것이 더 좋겠다고 생각했습니다.

그러나 알고자 하는 열망 때문에, 호텔에 돌아오자마자 나는 아내에게 이야기하고 그런 것을 구입하여 더 배우고 싶다는 소원을 말했습니다. 1,000호주 달러(약 114만원)만큼 사용하도록 지원을 요청했습니다. 당시 내가 가진 돈이 많지 않기 때문에 이런 것을 구입하려면 다른 것을 희생해야 했기 때문입니다.

남은 날이 많지 않았습니다. 그러나 "이런 것을 사서 부지런히 읽고 들음으로써 나는 더 좋은 남편이 될 것이다. 하나님의 말씀이 나의 삶과 목회를 더욱 크게 변화시키지 않겠는가?" 라고 말하면서 아내를 안심시켰습니다. 이를 인정하고 삶에 적용한다면 우리 삶은 이전보다 더 좋아지지 않겠는가? 아내는 마침내 승인하고, 나는 1,000호주 달러까지는 되지 않지만 필요한 많은 책과 설교 테이프, 비디오를 구입했습니다. 나는 그것들을 가득 담은 가방을 가지고 돌아왔습니다.

당시 저는 바른 결정을 할 수 있었던 것에 진정으로 감사했습니다. 그리고 내가 생각한 그대로 적용했습니다. 테이프를 전부 듣고 난 후, 하나님 말씀에 대한 이해와 지식이 더 깊어졌습니다. 저는 더욱 풍성해졌고, 더욱 성장했습니다. 사고방식이 변했고, 믿음도 커졌습니다. 이런 변화와 축복을 제 주위에 있는 사람들도 느꼈습니다. 교회 성도들과 나의 설교를 들었던 모든 사람들은 제가 투자한 결과 받게 된 하나님의 은혜를 동일하게 체험한 것입니다.

그 후 제 아내와 가까운 친구들은 제가 책과 설교 테이프, 비디오 구입에 더 투자하여 하나님의 말씀을 전하라고 격려했습니다. 그 이유는 그들도 제가 받은 은혜의 혜택을 맛보았기 때문입니다. 저를 더 행복하게 한 것은 지금도 그들이 이런 투자를 하도록 주도적으로 돕고 있다는 것입니다.

## 8. 인생 투자

"그러므로 사람들이 너희에게 해 주기를 바라는 것은 무엇이든지 너희도 그들에게 그대로 해 주어라. 이것이 율법과 선지자들이다." (마태복음 7:12)

　　이 말씀은 믿는 자의 인생에서 아주 중요한 원리입니다. 이 구절에서 중요한 것은 상황의 주도력이 순전히 여러분의 손에 달려 있다는 것입니다. 다른 사람이 우리에게 해 주기를 바라는 대로 우리가 먼저 다른 사람에게 행하여야 합니다. 나의 말을 들어주기를 바란다면, 내가 먼저 다른 사람의 말을 경청해야 합니다. 내가 용서받기 원한다면, 내가 먼저 다른 사람을 용서해야 합니다. 다른 사람이 나를 걱정해 주기를 바란다면, 내가 먼저 다른 사람을 생각해 주어야 합니다. 이것이 바로 놀라운 '인생 투자' 입니다. 우리가 먼저 나를 다른 사람에게 투자하기 시작할 때, 그에 대한 보응으로 그들도 자신의 인생을 나에게 투자할 것이라는 진리를 믿고, 그 결과에 놀라지 마십시오. 내가 먼저 나의 인생을 투자하는 그 순간에 나의 능력이 한 단계 강화되는 것을 경험할 것입니다.

# 제7장
 충성하고, 책임을 다하라

"내가 하는 일에 충성하고 책임을 다할 때 자신의

능력이 강화된다."

## 1. 충성은 더 큰 기회를 만든다

"그 주인이 그에게 말하였다. '잘하였다. 착하고 충성된 종아. 네가 작은 일에 충성하였으므로, 내가 네게 많은 것들을 맡길 것이니, 네 주인의 즐거움에 참여하여라." (마태복음 25:23)

　　　우리의 역량을 강화하기 위하여 유념하고 지켜야 할 두 단어가 있습니다. '충성심(faithful)' 과 '책임감(responsible)' 입니다. 이 두 단어는 우리가 알고 실천해야 할 아주 중요한 하나님 나라의 삶의 원칙입니다. 오늘날 책임감 있는 사람도, 충성된 사람도 찾아보기가 쉽지 않습니다. 많은 사람들이 자기가 좋아하는 일은 잘 하고 능숙합니다. 그러나 사업체나 공동체에서 충성심과 책임감을 겸비한 사람을 보기는 어렵습니다. 한 사업가가 제게 와서 회사에 사람을 뽑는데 책임감 있는 사람을 찾기가 쉽지 않다고 합니다.

　　　하나님의 자녀인 우리는 교회에서나 직장에서 자기가 맡은 일에 충성되고 책임감 있는 사람으로 좋은 평판을 얻어야 합니다. 우리가 충성되고 책임감 있을 때 자신의 역량이 실제적으로 강화됩니다. 그 결과, 하나님은 말씀하신 대로 그들에게 은혜를 베푸사 다섯 달란트와 두 달란트를 받았던 종들처럼 칭찬 받으며 환영받는 존재가 되고, 상을 얻을 것입니다. 직장에서는 합당한 승진도 하고, 높은 급여도 받을 것입니다. 그뿐 아니라 주인이 베푸는 즐거운 잔치에 초청받는 대상이 된다는 사실을 기억하기 바랍니다.


## 2. 작은 일에 더욱 충성하라

"가장 작은 일에 충성된 자는 큰일에도 충성되고 가장 작은 일에 불의한 자는 큰일에도 불의하다." (누가복음 16:10)


회사마다 직원이 한 일에 대하여 충성심을 평가하는 규범이 있습니다. 가정주부는 가정부를 평가할 것이며, 관리자는 직원을 평가합니다. 어떤 기준으로 평가를 하겠습니까? 작아 보이는 일을 가지고 평가할 것입니다. 그들이 아이를 주의 깊게 돌보았는지, 요구한 일을 제대로 했는지, 약속을 지켰는지, 주인이나 상사가 자리를 비웠을 때도할 일을 정직하게 하는지 이런 것을 평가할 것입니다. 그들이 이런 시험을 통과한다면 더 큰일과 책임을 맡을 기회가 주어질 것입니다.

똑 같은 이론이 그대로 하나님 나라에도 적용됩니다. 우리는작은 일에 충성합니까? 아주 작은 일에도 철저히 하려고 최선을 다하고 있습니까? 앞서 설명해드린 대로 우리가 충성하고 책임을 잘 감당하는 그 과정에서 우리 역량도 커지고 성숙해집니다.

"많이 받은 자에게는 많이 요구할 것이고, 많이 맡은 자에게는 더 요구할 것이다." (누가복음 12:48)

　　많이 받았으면 주인이 더 많은 책임을 기대한다는 것을 알아야 합니다. 사람들이 인생에서 더 큰 것, 더 많은 것을 받기를 원합니다. 그러나 그에 수반되는 더 많은 책임감에 대한 요구는 받아들이지 않습니다. 이것은 원칙에 반하는 것입니다. 그렇기 때문에 작은 것으로부터 습관이 되도록 배우는 것이 중요합니다. 더 큰 그릇이 되기 위한 준비와 훈련이라고 생각하고 연습해 봅시다.

### 3. 다윗의 충성심과 책임감

"이새가 자기 아들 다윗에게 말하였다. '네가 네 형들을 위해 이 볶은 곡식 한 에바와 빵 열 덩이를 가지고 네 형들 진영으로 빨리 가서, 이 치즈 열 덩어리를 천부장에게 가져다 드리고 네 형들이 평안한지 살펴본 후 증표를 받아 오너라.' 그때 사울과 다윗의 형들과 이스라엘 모든 사람들은 블레셋과 싸우기 위해 엘라 골짜기에 있었다. 다윗이 아침 일찍 일어나 양 떼를 양치기에게 맡기고, 이새가 그에게 명령한 대로 짐을 가지고 떠나 진영에 이르렀는데, 그때 용사들이 전열을 갖추고 나

아가 싸우려고 함성을 지르고 있었으며" (사무엘상 17:17-20)

"다윗이 사울에게 말했다. 왕의 종이 제 아버지를 위해 양을 칠 때 사자나 곰이 와서 양 떼 중에서 새끼를 움켜 가면, 제가 그 뒤를 따라가서 그것을 죽이고 그 입에서 건져냈으며, 만일 그것이 제게 덤벼들면 제가 그 수염을 잡고 그것을 쳐서 죽였습니다. 왕의 종이 사자나 곰도 죽였으므로 이 할례 없는 블레셋 사람도 그들 중 하나처럼 될 것이니, 그가 살아계신 하나님의 군대를 조롱했기 때문입니다." (사무엘상 17:34-36)

다윗은 아버지의 양떼를 지키는 목동이었습니다. 아무도 그가 하는 일을 주목하지 않았습니다. 그러나 다윗은 성실하고 책임감 있게 자기 일을 수행했습니다. 형들을 위하여 가서 음식을 가져가는 사이에 자기 양떼를 지키도록 동료 목동에게 도움을 청했습니다. 이뿐 아니라 다른 짐승들이 자기 양을 공격할 때, 양을 보호하기 위하여 공격하는 짐승을 죽이는데 주저하지 않았습니다. 아버지도 형들도 각기 자기 일로 바빴기 때문에 아무도 다윗을 눈여겨보지 않았습니다. 그러나 하나님은 이런 다윗을 눈여겨보셨습니다. 다윗은 하나님의 마음에 들었습니다. 그래서 다윗을 선택하여 이스라엘의 왕으로 삼았습니다. 다윗을 보면 목숨을 내어놓는 그의 강한 충성심과 책임감이 그의 역량을 키웠고, 후에 통일 이스라엘의 왕이라는 큰 직무를 맡을 수 있는 자로 준비되고, 능력을 구비하게 했습니다. 하나님께서 그런 다윗을 높이셨습니다.

아무도 보는 사람이 없을 때, 당신은 어떻습니까? 직장 상사가 사무실을 비울 때에도 여전히 맡은 일을 성실하게 수행합니까? 나도 직장 경험이 있기 때문에 상사가 출장을 가거나 자리를 비울 때 많은 직원들의 태도가 느슨하게 바뀌는 것을 보았습니다. 아무도 보지 않는다고 생각할 때 사람의 진면목이 드러납니다. 주변에 아무도 없을 때 진정한 인격과 성실성이 드러납니다.

## 4. 지금 가진 것에 감사하고 시작하라

"여호와께서 모세에게 말씀하셨다. '네 손에 있는 것이 무엇이냐?' 그가 대답하기를 '지팡이입니다.' 하였다" (출애굽기 4:2)

"예수님께서 대답하여 그들에게 말씀하셨다. '너희가 그들에게 먹을 것을 주어라.' 그들이 말하기를 '저희가 가서 이백 데나리온의 빵을 사서 그들에게 먹도록 주라는 말씀입니까?' 하니, 예수께서 그들에게 말씀하셨다. '너희에게 빵이 몇 개나 있는지 가서 보아라.' 그들이 알아보고 말하기를 '빵 다섯 개와 물고기 두 마리가 있습니다.' 라고 하였다." (마가복음 6:37-38)

"만일 너희가 자원하여 바치려는 마음이 있다면 있는 그대로 받으실 것이며, 없는 것을 받으시지 않는다." (고린도후서 8:12)

"돈을 사랑하지 말고 있는 바를 족하게 여겨라. 그분께서 친히 '내가 너를 떠나지도 않고 결코 너를 버리지도 않겠다.' 라고 말씀하셨기 때문이다." (히브리서 13:5)

내가 가진 것이 무엇입니까? 위의 말씀을 보면 기본적인 질문이 다가옵니다. 내가 가지고 있지 않은 것에 너무 많은 신경을 쓰면 안타깝게도 가지고 있는 것을 보지 못합니다. 이런 사고 방식을 즉시 바꾸어야 합니다.

마가복음 6장 이야기를 보면, 예수님은 하루 종일 따라다닌 무리들에게 줄 양식이 충분치 않다는 것을 알고 계셨습니다. 그렇지만 제자들이 가진 떡이 얼마나 있는지 물었습니다. 예수님은 그들이 가지고 있는 것으로 기적을 베풀어 수천 명이 먹고도 남게 했습니다. 이 이야기는 우리가 없는 것을 찾지 말고 지금 있는 것으로 시작하고 일하라는 가르침을 줍니다.

지금 내 주위에는 많은 무리가 있지 않을 수도 있습니다. 어떤 사람은 많은 돈을 가진 부자일 수도 있습니다. 그러나 여러분! 많은 돈을 가지고 있지 않아도 좋습니다. 실망하지 마십시오! 좋은 소식이 있습니다. 계속해서 여러분의 능력과 역량을 연마하고 키우십시오. 그리고 주님을 찬양하는 일을 멈추지 마십시오. 내가 가진 것으로 다른 사람을 도울 수 있도록 주님의 도움을 청하십시오. 그러면 여러분은 하나님이 어떻게 도우시고 필요를 완성시키시는지 보게 될 것입니다.

앞에서 말씀드린 주차장 보조원의 이야기를 기억합니까? 그가 자신이 가지고 할 수 있는 능력을 자기 안에서 찾았을 때, 그는 성공했습니다. 하나님은 우리에게 없는 것을 통해서가 아니라, 우리에게 있는 것을 사용하셔서 우리를 위한 당신의 계획을 이루십니다. 내가 가진 것에 감사하며 만족하십시오. 하나님은 "내가 결코 너를 떠나지 않겠다. 내가 결코 너를 잊지 않겠다." 고 약속하셨습니다.


## 5. 차라리 다른 사람에게 주라

"그렇다면 너는 내 돈을 이자 놀이하는 자들에게 맡겨 내가 돌아올 때에 내 돈을 그 이자와 함께 받도록 했어야 했다. 그러므로 그에게서 한 달란트를 빼앗아 열 달란트 가진 자에게 주어라." (마태복음 25:27-28)

달란트 비유로 돌아가서, 한 달란트 받은 종은 그가 받은 달란트를 열 달란트 받은 종에게 주어야 했습니다. 하나님이 보시기에 종들에게 맡기신 것은 매우 중요합니다. 만일 하나님이 우리에게 위임한 것을 여러분이 감추어 놓거나 사용하지 않는다면, 하나님이 그것을 다른 사람에게 주도록 명한다고 해도 놀라지 마십시오. 그와 반대로, 여러분이 위임받은 것을 충성되고 책임감 있게 사용하고 계속해서 일한다면, 하나님은 우리 인생을 완성하는데 필요한 것을 더하여 주실 것입니다. 하나님 나라의 원리입니다.

"가진 자는 더 주어져서 풍성해질 것이나 갖지 못한 자는 그 가진 것마저도 빼앗길 것이다." (마태복음 25:29)

## 6. 가진 것으로 시작하라

저는 '자카르타 찬양센터 청년미션(Jakarta Praise Center Youth Ministry)'으로 대중에게 알려진 우리 기도회가 처음 시작되었을 때 어떠했는지 지금도 생생하게 기억합니다. 그 때 우리는 주간 예배를 위해 피아노를 반주할 사람만 있었습니다. 스티브 타발루잔이라고 하는 반주자인데, 우리 예배와 찬양 모임을 위해 늘 시간을 초과하여 헌신했습니다. 그런데도 그는 어떤 사람에게도 불평하지 않았고, 다른 예배를 위해 필요한 또 다른 반주자를 요청하지도 않았습니다. 당시 피아노가 한 대밖에 없었지만, 가진 것에 감사하고 행복했습니다. 그 동안에 그는 우리를 돕는 일 외에 다른 선교 일에도 적극적으로 활동했습니다. 우리는 동역자가 다른 모임까지 도울 수 있다는 사실에 자부심과 행복감을 느꼈습니다.

몇 달 후, 하나님은 우리를 도울 많은 음악가들을 소개해 주셨습니다. 새로운 예배 인도자와 성악가도 보내주셨습니다. 이런 경험은 우리 동역자들에게 아주 값지고 놀라운 경험이었습니다. 왜냐하면, 우리가 가진 것을 당연하게 인간적으로 생각하지 않도록 상기시켜 주었습니다.

## 7. 부자가 되는 힘

"너는 여호와 네 하나님을 기억하여라. 그분께서 네게 재물을 얻을 수 있는 능력을 주신 것은 네 조상에게 맹세하신 그 언약을 이루시려는

것이었다." (신명기 8:18)

"···왜냐하면, 그는 재물을 얻는 힘을 주시는 분이시다···" (KJV)
"···왜냐하면, 부자가 되게 하는 힘을 주시는 분은 주님이시다···" (NLT)

하나님은 우리에게 부를 주시지 않는다는 것을 아는 것이 중요합니다. 하나님은 재물을 얻을 힘을 주신다고 했습니다. 나는 잘못된 것을 목적으로 삼고 구하는 성도들을 봅니다. 하나님이 주신 잠재적인 능력을 발휘하고 키워야 할 때 그들은 재물만 추구합니다. 한 예로, 케이크 만드는 법을 알려고 하는 대신 케이크 자체만 구하는 것과 같습니다. 누구나 케이크를 가져가서 먹어버리면 아무 것도 남지 않습니다. 그러나 케이크 조리법을 안다면 언제라도 많은 케이크를 만들 수 있습니다. 하나님은 케이크가 아니라 조리법을 가르쳐 주길 원하십니다. 이 책의 첫 부분에서 말한 것처럼, 하나님은 사람에게 계획과 목적을 주시기 전에 먼저 축복하셨다는 말씀을 기억하십시오.

이 능력은 하나님이 사람에게 주신 선물이며, 축복입니다. 이런 맥락에서 능력은 할 수 있는 힘입니다. 모든 사람이 능력과 힘을 받아 태어납니다. 우리가 타고난 능력을 재능(talents)이라고 부릅니다. 하나님이 계획하신 대로 세상에서 승리하기 위해 어떤 재능이 필요합니까? 얼마나 종류가 많고, 다양합니까! 이것이 하나님이 우리 모두를 각기 다른 재능을 주신 이유입니다. 어떤 사람은 의사로, 어떤 사람은 예술가나 과학자로 재능을 받았습니다. 어떤 사람은 사업가로, 운동선수로, 정치가나 교육자로 재능을 받았습니다. 하나님은 이 모든 재능을 우리에게 주셔서 합력하여 당신의 목적을 완성해 가십니다.

## 8. 비교 경쟁을 삼가라

"네 마음을 다하고 네 목숨을 다하고 네 뜻을 다하고 네 힘을 다하여 주 너의 하나님을 사랑하여라." (마가복음 12:30)

예수님은 내가 온 힘을 다하여 서로 사랑하라고 명령했습니다. 나의 약함으로가 아닙니다. 힘은 내 안에 있는 것, 내가 가지고 있는 것을 의미합니다. 우리가 가지고 있지 않은 것은 약함이라고 부릅니다. 예수님은 나에게 없는 것, 나의 약한 것으로 하나님을 섬기라고 말하고 있지 않습니다. 나의 농구 실력을 마이클 조던의 농구 실력과 비교하면 어떻게 되겠습니까? 예수님은 농구를 잘 하지 못하는 나의 약함을 아십니다. 그것이 내가 프로 농구 선수가 아닌 이유입니다. 나의 약점, 없는 것으로 사랑하기보다 내가 타고난 재능으로 온 힘을 다해 섬기라는 것입니다.

전자 전시회에 가본 적이 있습니까? 전시장에서 많은 부스를 볼 수 있고, 각 부스에는 상품을 소개하는 세일즈맨이나 홍보 전문 여성들을 볼 수 있습니다. 그들은 손님에게 물건을 보여주고 사기를 바라면서 마음을 얻으려고 최선의 노력을 다합니다. 그들이 어떻게 고객의 마음을 얻습니까? 제품의 독창성과 좋은 기능을 선전합니다. 부정적인 것이나 약점을 말하지 않습니다. "이 물건은 이런 것을 할 수 없고, 이런 저런 약점이 있다" 고 말하면 누가 사겠습니까? 여러분은 다른 물건과 비교하지 않는다면 그 제품의 약점이 보이지 않을 것입니다. 그러므로 비교하는 것을 중지하십시오!

제품의 강점은 그 안에 어떤 구성품이 있느냐에 달려 있습니다. 우리의 강점도 그렇습니다. 내 안에 무엇이 있느냐에 달려 있습니다. 많은 사람들이 이런 사실을 모르고 있다는 것은 슬픈 일입니다. 누구나 자기 안에 잠재적인 능력과 강점이 있는데, 그들을 발견하여 연마하지 않고 자신이 가지고 있지 않은 약점들만 생각하며 다른 사람과 비교하는 것은 참으로 어리석은 일입니다. 내가 타고난 재능, 내가 가진 것, 나의 능력과 장점을 찾으십시오. 그리고 그것을 개발하고 연마하여 그 부문에서 최고가 되도록 하십시오.

## 9. 일회적 필요보다 잠재성을 발견하라

"예수께서 지나가시다가 날 때부터 맹인인 한 사람을 보셨다. 그분의 제자들이 그분께 여쭈어 말하였다. '랍비님, 이 사람이 맹인으로 태어난 것이 누구의 죄 때문입니까? 이 삶입니까? 아니면 그의 부모입니까?' 예수께서 대답하셨다. '이 사람이나 그 부모가 죄를 지은 것 때문이 아니라 오직 그를 통해 하나님의 일들을 나타내려는 것이다. 우리가 낮 동안에 나를 보내신 분의 일들을 해야 한다. 곧 아무도 일할 수 없는 밤이 온다. 내가 세상에 있는 동안 내가 세상의 빛이다.' 예수께서 이 것을 말씀하신 후에 땅에 침을 뱉어 침으로 진흙을 이겨 맹인의 눈에 바르시고, 그에게 말씀하시기를 '실로암 못에 가서 씻어라.' 하시니(실로암은 '보냄을 받았다'라는 뜻이다) 그 맹인이 가서 씻고 눈이 밝아져 돌아왔다. 그러자 이웃 사람들과 또 그가 전에 걸인이었던 것을 본 자들이 말하기를 '이 사람이 앉아서 구걸하던 자가 아니냐?' 하니, 어떤 이들은 말하기를 '이 사람이 그 사람이다.' 하고 다른 이들은 '아니다. 그와 닮은 자이다.' 하고 말하였으나 그는 '내가 그 사람이오.' 하고 말하였다."

(요한복음 9:1-7)


예수님이 그 맹인에게 왜 돈을 주시지 않았는지 생각해 보십시오. 돈을 주는 것이 더 쉽고 바람직하지 않았을까 곰곰이 생각해 보았습니다. 그러나 예수님은 돈을 주지 않았습니다. 예수님은 이 사람 속에 숨어 있는 잠재력을 알아볼 수 있었기 때문에 돈을 주지 않았다고 생각합니다. 예수님은 이 사람에게 돈이 해답이 아니며, 돈으로 사람의 삶을 변화시킬 수 없다는 것을 아셨습니다. 그래서 예수님이 하신 일은 사람의 잠재력을 가로막는 것은 무엇이든지 제거하는 일을 하셨습니다. 이 사람에게는 눈 먼 것이었습니다. 그것이 제거되면 그는 더 이상 삶을 위해 구걸하지 않아도 되었습니다. 그의 능력이 개발되고, 인생 방향이 변화되는 것이었습니다. 하나님이 우리에게 주신 것은 케이크의 조리법이지 케이크가 아닙니다.

## 10. 능력에서 전문가로

"자기 일에 근실한 사람을 보았느냐? 그런 사람은 왕들을 섬길 것이며 결코 비천한 자들을 섬기지 아니할 것이다." (잠언 22:29)

지구상에 어느 누구도 처음부터 전문가로 태어나는 사람은 없습니다. 모든 사람은 힘이나 재능을 가지고 태어납니다. 문제는 사람이 사는 동안에 능력과 재능을 발견하고 활용하느냐 입니다. 발견되지 않는 능력을 잠재력이라고 합니다. 사람의 타고난 재능이 있어도 끊임없이 단련된 후에야 능력이 되어 사용하는데 완숙한 경지에 도달하는데, 그런 사람을 전문가라고 부릅니다.

전문가가 높은 대우를 받는다는 것을 아십니까? 각 분야에서 전문가가 된 사람은 명성과 존경을 받고, 지역 사회에서 칭송의 대상이 됩니다. 그들은 비상한 삶을 살기에 생활수준도 높습니다. 그들이 하는 전문적인 일에 많은 급여를 요구한다고 해도 여러분은 놀라지 않을 것입니다. 왜냐하면, 그들은 보통 사람이 할 수 없는 일을 하는 전문가이기 때문입니다.

예를 들면, 유명한 의사나 과학자, 국제 변호사, 최고의 연예인, 일류 경영자, 테니스 챔피언, 프로 골프 선수 같은 사람들은 그들이 하는 일에서 전문적인 성취를 이루었으므로 아주 많은 수입을 얻습니다.

이런 직업은 어느 나라에서나 전문 분야로 인식되어 있지만, 주위에서 쉽게 볼 수 있는 전문가들도 있습니다. 예를 들면 미용사, 요리사, 기계 기술자와 같은 사람들입니다. 그들에게 어떤 서비스를 받기 위해 예약을 해야 한다고 요구 받더라도 놀라지 마십시오. 왜냐하면, 그들의 전문성과 인기 때문에 예약 없이 여러분은 서비스를 받을 수 없기 때문입니다.

## 11. 능력을 사장시키지 말라

"만일 철 연장이 무딘 데도 날을 갈지 않으면 힘이 더 들지만 지혜는 성공하기에 유익하다." (전도서 10:10)

우리는 칼을 갈아 날카롭게 하듯이 능력과 재능을 연마해야 합니다. 그런 노력을 하지 않는다면 훨씬 더 많은 에너지를 사용해야 성공합니다. 재능이 있지만 전문가로 성공하는 것은 단기간에 되는 것이 아닙니다. 전문가가 되기 위해 우리는 근면과 주의력, 그리고 인내심이 필요합니다.

일생 동안 타고난 재능을 땅에 묻고 사장시킨 채로 살아가는 사람이 많습니다. 그들은 자기가 할 수 있는 능력을 위하여 아무 것도 하지 않는 사람들입니다. 어떤 사람은 그들이 발견하고 개발할 수 있는 비상한 능력을 가지고 태어났음에도 불구하고 그것을 발견하지도 못한 채 무덤으로 갑니다.

안타깝게도 우리는 그들이 발견하려고 하지 않았기에 능력이 있다는 것조차도 알 방법이 없습니다. 내가 확실히 아는 한 가지는 그들이 능력을 개발했다면 훨씬 더 많은 큰일을 했을 것입니다. 그들의 삶은 훨씬 더 향상될 수 있었을 것입니다. 그리고 전혀 다른 삶의 결과를 보았을 것입니다. 재능과 능력으로 그들이 사는 사회를 변화시켰을 것입니다. 하나님만이 그들이 잘 할 수 있는 능력이 무엇인지 아실 것입니다. 이 지구상에 사는 모든 사람이 재능과 능력을 발견하고 연마했다면 훨씬 좋은 세상이 되었을 것입니다.

어느 설교자가 이 땅에서 가장 부유한 장소는 무덤이라고 말했습니다. 왜냐하면, 결코 발견되지 않은 많은 잠재력, 살아생전에 기회가 있을 때에 한 번도 사용되지 않은 많은 재능과 능력이 그곳에 묻혀 있기 때문입니다. 살아 있는 동안, 할 수 있는 한 젊은 날에 기회가 있을 때에 자신의 잠재력과 능력을 찾아 개발하도록 합시다.


## 12. 탁월성을 추구하라

사람들은 흔히 '나쁘지 않다(being not bad)' 는 것으로 만족하며 행복을 느낍니다. 어떤 사람은 나쁘지 않다는 것에 자부심을 느끼기까지 합니다. 평균적으로 나쁘지 않다고 자족하는 것입니까? 나쁘지 않다는 것은 '좋지 않다(being not good)' 는 것보다는 좋은 말입니다. 물론 좋지 않다는 상태에서 전문가가 되는 데까지 발전하려면 나쁘지 않다는 단계를 통과해야 합니다. 나쁘지 않다는 평균적 상태에 있을지라도 능력을 계속 발전시키도록 하십시오.

수입 측면에서 보면 '나쁘지 않은 사람' 은 그 수준만큼의 수입을 얻습니다. 평균적인 생활수준입니다. 이 세상에는 나쁘지 않은 수준의 사람들이 가장 많습니다. 그러나 아는 바와 같이 전문가는 소수입니다. 나쁘지 않은 수준의 선수는 전국대회나 세계적 경기에 나갈수 없습니다. 나쁘지 않은 학생은 장학금을 받을 확률이 없습니다. 하나님의 자녀는 나쁘지 않다는 수준에서 만족할 수 없습니다. 나쁘지 않다는 경계를 넘어가 최선을 다하여 평균 이상이 되고, 최고가 되기를 바랍니다. 평균 이상의 수입을 가진 직업은 평균 이상의 준비된 사람을 위한 것입니다.


## 13. 금전 사용의 신실성

"그러므로 너희가 불의한 재물에 신실하지 못하다면, 누가 너희에게 참된 것을 맡기겠느냐?" (누가복음 16:11)


불의한 배금주의는 흔히 재정이나 돈으로 정의되곤 합니다. 그러나 돈은 지급수단입니다. 다른 물건과 같이 돈도 제 기능을 하려면 잘 사용되어야 합니다. 우리는 돈을 사용해야 합니다. 그러나 절대로 돈이 우리를 지배하고 사용하도록 허용해서는 안 됩니다. 하나님의 자녀로서 우리는 돈과 관련된 모든 것에 신실해야 하고, 책임감을 가져야 합니다. 어떤 사람이 돈 문제에서 신뢰를 받는다면 다른 모든 것에서도 신임을 받습니다.

"돈을 사랑하는 것이 모든 악의 뿌리니, 어떤 이들은 돈을 사모하다가 믿음에서 떠나 많은 고통으로 자기를 찔렀다." (디모데전서 6:10)

돈은 악이 아닙니다. 돈을 사랑함이 악의 뿌리입니다. 돈은 교회에서 아주 민감한 주제입니다. 어떤 목사는 교회에서 돈 문제를 거론하기를 꺼려합니다. 교인들이 목사를 돈을 좋아하는 사람으로 알까 두려워하기 때문입니다.

그러나 돈에 대한 가르침을 주지 않기 때문에 하나님의 자녀들이 돈을 적절히 사용하는 방법을 모릅니다. 그들이 가진 돈으로 무엇을 해야 할지 모릅니다. 십일조를 가르치는데, 이를 알고 지키는 것은 중요합니다. 그러나 나머지 90%를 어떻게 사용해야 하는지 가르치는 것을 잊어버립니다. 이것이 많은 성도들이 물질을 관리하는 지식이 부족한 이유입니다.

한 달에 1,000달러 수입이 있으면 100달러가 십일조입니다. 여기서 강조하고 싶은 것은 하나님 나라가 특정인의 수입 감소와 어떤 관계가 있는지 지적하고자 하는 것입니다. 재정에 관하여 하나님 나라의 원리를 가르치는 것은 중요합니다. 그래서 항상 수입이 증가하고 감소하지 않도록 하기 위함입니다.

수입의 90%를 지혜롭게 사용하는 방법에 대해 알지 못하는 성도들이 많습니다. 단기간에 부자가 되려 하는 사람은 많고 또 많은 노력을 하는데, 정작 하나님 나라의 원리를 모르는 사람들이 많습니다. 그래서 빚더미에 앉은 사람도 있습니다. 오해하지 마십시오. 하나님을 사랑하지만 아직 물질적인 돌파구를 벗어나지 못한 성도들이 있습니다.

사단이 하나님의 자녀들을 무너뜨리려 이용하는 돈이나 섹스와 같은 주제들을 교회들이 드러내고 말하기를 꺼려하는 것을 알고 있습니다. 가르침과 논의가 없기 때문에 그에 대한 지식이 부족하고, 이러한 지식 부족은 하나님의 자녀들을 궁지로 몰아갑니다.

하나님이 청지기로 여기시고 진정한 부를 우리에게 맡겼습니다. 그러므로 우리가 재물에 대한 신실함과 책임감을 가져야 한다는 것은 매우 중요합니다. 진정한 부는 세속적인 소유를 의미할 수 있고, 하나님의 신적 계시, 말씀과 같은 영적인 보화일 수도 있습니다. 문제는 우리가 재물에 대하여 믿음직한 사람인가 입니다.

## 14. 타인의 것을 소중하게 다루기

"또 너희가 남의 것에 충성하지 못한다면 누가 너희에게 너희의 것을 주겠느냐?" (누가복음 16:12)

위 구절에서 "누가 너희에게 너희의 것을 주겠느냐?" 는 구절이 좀 이상하게 들리지 않습니까? 이미 우리의 것이지만 아직 소유하지 않은 것, 주어지지 않은 것을 의미하는 것 같습니다. 그러나 조건을 충족하면 우리에게 주어질 것이라는 뜻이 포함된 것입니다. 그 전제 조건은 다른 사람의 물건에 정직하고 책임감을 가져야 하는 것입니다.

당신이 사용하고 있는 물건 중에 다른 사람의 것이 있습니까? 빌린 집이나 자동차, 땅, 사무실 같은 것일 수 있습니다. 언젠가는 하나님이 이 모든 것을 당신이 소유하도록 주실 것이라는 희망이 있습니까? 이를 위해 기도해 왔으나 아직 받지 못했습니까? 실수하지 않도록 배워야 할 하나님 나라의 원리가 있습니다.

그것들이 당신의 것이 되기를 원한다면 책임감을 가지고 다른 사람의 소유에 신실하십시오. 당신이 임차한 집에 살고 있다면 주인인 것처럼 책임감을 가지고 잘 관리하십시오. 수리할 곳이 있다면 성실을 다하여 수리하고, 페인트칠이 필요하면 즉시 하십시오. 어떤 물건도 빌려서 사용하는 것이라고 하여 부주의하거나 함부로 사용하지 마십시오. 누군가 차를 사용하도록 했다면 자가용인 것처럼 잘 관리하십시오. 책임감을 보이십시오. 이런 원리를 이해하지 못하고 남의 차를 함부로 운전하고, 집을 전혀 수리하지 않고 사용하는 그리스도인을 본 적이 있습니다.

어느 날, 다른 교회 설교자로 초청받았을 때입니다. 1부 예배로 사용된 예배실에 설교하려고 들어섰습니다. 바로 눈에 들어온 것은 과자 봉지, 휴지, 플라스틱, 껌, 교회 주보들이 흩어져 있는 모습이었습니다. 바닥에는 음료수를 쏟은 흔적들이 많았습니다. 아주 무질서하고 산만해 보였습니다. 그 교회 건물은 사무실 건물의 일부를 임차한 것이었습니다. 임차 건물을 예배실로 사용하면서 교인들이 이렇게 함부로 관리한다는 것은 부끄러운 일입니다. 하나님 나라의 원리와는 거리가 멀다고 느꼈습니다. 우리는 어떤 시사적인 문제나 정치, 나라에서 적용하는 법규 등을 쉽게 비판하곤 합니다. 그러나 예수님이 최고의 법으로 가르쳐주신 대로 신자들이 하나님 나라의 원칙을 삶에서 적용하는 훈련이 우선되어야 하겠습니다.

"그러므로 사람들이 너희에게 해 주기를 바라는 것은 무엇이든지 너희도 그들에게 그대로 해 주어라. 이것이 율법과 선지자들이다." (마태복음 7:12)

여러분이 건물의 소유주라면 어떻게 하겠습니까? 임차 만기가 되면 계약을 연장하겠습니까? 그렇지 않다고 생각한다면 건물주로부터 빌려 사용하는 건물을 먼저 잘 관리해야 할 것입니다.


## 15. 세차 간증: 너희가 대접을 받고자 하는 대로

성령께서 이 원리에 대해 가르쳐 주신 것을 지금도 기억합니다. 네덜란드에서 몇 주간 사역하면서 있었던 일입니다. 당시 함께 살았던 가족은 저에게 아주 친절했고, 체류하는 동안 사용하도록 차를 빌려 주었습니다. 이전에 여러 해 그곳에 살았기 때문에 혼자서 운전할 수 있었습니다. 집 주인은 편의점과 식당을 운영하였고, 상품이나 식료품을 운반하는데 그 차를 사용해 왔습니다. 차종은 좋았지만 청결하지 않았습니다.

귀국하기 바로 전날, 성령께서 말씀하셨습니다. "차 안과 밖을 깨끗이 청소하고 기름을 가득 채워라." 처음에는 왜 그렇게 해야 하는지 반문했습니다. 내가 그렇게 한다면 처음부터 청결하지 않았기에 주인이 난처해할 것이라고 생각했습니다. 그럼에도 불구하고, 저는 성령께 순종했습니다.

좀 망설임이 있었습니다. 추운 겨울이었고, 세차하기 위해 진공

청소기가 있는 가장 가까운 주유소로 차를 가지고 가야 하기 때문입니다. 그러나 추운 날씨 때문에 거의 얼어버릴 것 같았고, 손도 거칠어지지만 온 마음을 다해 청소를 하고, 기름을 가득 채웠습니다. 그리고 주인에게 반환했습니다.

주인은 매우 행복해 했습니다. 차를 빌려간 사람이 이렇게 잘 관리하는 경우는 매우 드물다고 했습니다. 동시에 다음에 네덜란드에 오면 자기 차를 아무 부담 없이 사용하라고 했습니다.

당시 그 일을 통해 많은 것을 배웠습니다. 그 후로 저는 다른 사람의 물건을 제 소유처럼 신경을 써서 다룹니다. 그 후 하나님은 제 소유의 차를 맡겨주셨습니다.

제8장

 끊임없이 학습하라

"리더는 자신의 지식과 이해 수준 이상을
리드할 수 없다"

## 1. 하나님을 아는 지식의 부족

"지혜 있는 자가 들으면 학식을 더할 것이고 명철한 자는 지략을 얻을 것이며" (잠언 1:5)

정보와 지식이 책, 설교 테이프, 비디오, DVD, 인터넷을 통하여 누구에게나 쉽게 전달되는 시대에 산다는 것은 큰 축복입니다. 지식과 안목을 넓히고, 우리의 능력을 확대하기 위해 이런 매체를 활용할 필요가 있습니다.

"내 백성이 지식이 없으므로 망한다. 네가 지식을 버렸기 때문에 나도 너를 버려 내 제사장이 되지 못하게 하고 네가 네 하나님의 율법을 잊었으므로 나도 네 자녀들을 잊을 것이다" (호세아서 4:6)

하나님의 백성은 하나님에 대한 지식이 없어 망하게 됩니다. 기도가 부족하거나 금식을 하지 않았기 때문에 망하는 것이 아닙니다. 찬양이 부족해서도 아닙니다. 사탄이나 죄 때문만도 아닙니다. 지식이 없어 망한다고 말합니다. 왜 사람이 그렇게 쉽게 속아 넘어갑니까? 지식이 없기 때문입니다. 왜 그렇게 쉽게 사기를 당합니까? 삶에 필요한 지식이 없기 때문입니다. 사탄은 어떤 존재입니까?

"그가 거짓말쟁이이며 거짓의 아비이기 때문이다" (요한복음 8:44)

이것이 하나님에 대한 지식이 매우 중요한 이유입니다. 하나님을 아는 지식이 있으면 쉽게 함정에 빠지거나 속지 않습니다. 컴퓨터의 UNDO 버턴을 기억하십시오. 컴퓨터와 그 프로그램을 많이 알수록 UNDO 버턴 사용은 줄어드는 것처럼, 하나님을 아는 지식에서 성장할수록 분별력이 생기고 사탄의 함정에 빠지지 않습니다.


## 2. 성령의 기름 부음과 지식
"그 날에 네 어깨에서 무거운 짐이 떠나고, 네 목에서 그들의 멍에가 벗겨지되 살이 찐 까닭에 멍에가 부러진 것이다." (이사야서 10:27)

많은 이들이 말합니다. 일상생활에서 중요한 것은 기름 부음 (성령 충만)을 받는 것이고 이것을 맞는 일입니다. 왜냐하면 기름 부음이 죄의 속박으로부터 우리를 자유롭게 하기 때문입니다. 그리고 우리가 속박에서 벗어난 후 계속 자유롭고 성숙하기 위하여 하나님을 아는 지식이 필요합니다. 한번 성령 충만을 받았어도 하나님에 대한 지식이 없으면 누구나 옛 생활, 옛 습관으로 돌아가기 쉽습니다. 병 고침을 받은 사람 중에도 다시 죄에 빠지는 사람이 있습니다. 기름 부음이 우리를 죄에서 자유케 하지만 하나님의 성품과 말씀에 대한 지식은 우리를 계속 강건하도록 인도해 줍니다.

"지혜가 으뜸이니 지혜를 얻어라. 네가 가진 모든 것으로 명철을 얻어라." (잠언 4:7)

지식을 얻고 명철을 얻으십시오. 그리스도인이 진리를 배우지 않는 것은 사탄에게 활동하는 자리를 내어주는 것과 같습니다. 하나님을 아는 일에 게을리 할수록 사탄의 활동 영역은 더 넓어집니다. 배우지 않고 죄에 빠져 있다면 사탄에 농락당하고 있는 것입니다. 자기 자신 외에 그 책임을 누구에게도 변명하거나 비난할 것이 없습니다.

그러므로 우리 삶에 일어나는 나쁜 일들에 대하여 하나님께 책임을 돌리지 마십시오. 선하신 하나님이시며, 우리 삶에 어떤 악한 계획도 만들지 않았습니다. 여러분은 신앙서적이나 신학서적이나 카세트, CD, 비디오들을 통해 지식과 정보를 얻을 수 있습니다. 신앙 세미나와 집회에 참여할 수 있습니다. 이런 프로그램에 참여함으로써 사탄의 영역을 물리치고 견고히 설 수 있습니다.

"미련한 자들은 언제까지 미련한 짓을 좋아하며 비웃는 자들은 조롱을 즐기고 우둔한 자들은 지식을 미워하겠느냐?" (잠언 1:22)

교회 예배나 성경공부 모임 후 사람들이 나를 찾아와 "이런 가르침을 왜 좀 더 일찍 알지 못했을까요!" 라고 말합니다. 이것이 문제입니다. 하나님을 아는 것이 지혜의 근본입니다. 그동안 하나님에 대한 지식이 없고 눈이 어두워 죄와 사탄의 영역에 빠졌다는 것을 몰랐기 때문입니다.

"진리를 알게 될 것이니, 진리가 너희를 자유롭게 할 것이다." (요한복음 8:32)

많은 이들이 자기 분야의 높은 지위에 올라 있을 때 배우기를 중단합니다. 너무 바쁘거나, 배우는데 시간을 보낼 필요가 없다고 느끼며 너무 편안함에 빠져 있기 때문입니다. 지도자는 따르는 사람들에게 자신의 지식과 이해 수준까지만 지도할 수 있지 그 이상은 하지 못합니다. 이것이 지도자가 깨어서 항상 배우고 능력의 크기를 강화해야 하는 이유입니다. 그래야 그의 지도를 받는 모든 사람들이 항상 성장하고 지도자의 위치까지 가도록 노력할 수 있습니다.

## 3. 새로운 지식을 습득하라

우리가 역사상 어느 시대보다 편리한 시대에 살고 있다는 것은 축복입니다. 오늘날 기술이 놀랍게 발전했습니다. 선진 기술 때문에 우리는 더 새로운 지식과 기술을 배우고 시도할 수 있습니다. 우리가 신기술을 따라가지 못한다면 여러 면에서 뒤떨어질 것입니다. 예를 들면, 운동선수는 새롭게 개발된 기구를 다룰 수 있어야 합니다. 그런 기술은 경기에서 승리하도록 도움을 주기 때문입니다.

테니스와 배드민턴 라켓, 골프채, 농구 신발, 심지어 수영복까지도 기술적 혁신을 보여주고 있습니다. 이 모든 것은 창조적으로 개발되어 운동선수들은 경기에서 쉽게 승리할 수 있습니다. 최신 기술을 도입하여 제작된 테니스 라켓은 놀라운 스핀을 주기 때문에 서브와 포핸드, 백핸드를 강력하게 할 수 있게 하여 상대편 선수가 되받아치는 것을 매우 어렵게 합니다. 테니스 선수가 수년간 승리하도록 도운 낡은 채를 계속 고집한다면 그 선수는 보다 새롭고 기술적으로 향상된 라켓을 사용하는 상대에게 불리할 것입니다.

국제 수영 단체들은 수년 전 올림픽에서 호주 수영 선수들을 보고 놀랐습니다. 그들은 전신 수영복이라고 하는 선진 기술로 개발된 수영복을 입었기 때문입니다. 다른 나라 팀과 확연히 구별되는 이 수영복은 호주 선수들이 많은 금메달을 따도록 큰 도움을 주었습니다. 이런 사례에서 보듯이, 새로운 기술의 도움을 받는 목적은 외견상 차별화를 나타내는데 있는 것이 아니라 경기에서 승리하는 목적을 달성하기 위한 것입니다. 경기에 진다면 선진 기술이 무슨 의미가 있겠습니까?


## 4. 소수만이 변화를 시도한다

많은 사람들이 새로운 시도를 좋아하지 않습니다. 새롭고 창의적인 것에 대한 시도는 더 많은 것을 배우고 낡은 습관을 고치려는 용기가 있어야 합니다. 새로운 것을 배우고 시도하는 것은 능력의 크기를 강화시켜 줍니다. 저는 자주 교회가 변화에 대처하는데 매우 늦다는 생각을 합니다. 교회에서 변화를 도모하고 창의적인 것을 사용하는 용기를 갖는 것조차 꺼리는 지나친 보수주의자도 있습니다. 그들은 언제나 오래된 찬송만 부르고, 오래된 악기를 바꾸거나 최신 것을 수용할 수 있는 음향시설을 사용하는 것을 꺼려합니다.

이런 이유로 많은 젊은이들이 교회 예배에서 충만한 즐거움을 맛보지 못하고, 교회를 고리타분하고 나이든 사람들만 모이는 장소라고 생각합니다. 하나님의 자녀로서 우리는 형식상의 변화를 수용하고, 하나님 나라의 유익을 위해 창의적인 것이나 새로운 악기도 기꺼이 사용할 수 있어야 합니다. 기억하십시오. 새로운 것을 사용하는 목적은 우리가 승리하고, 젊은 세대와 앞으로 오는 세대들을 수용하고 하나님 나라를 위하여 승리하도록 하기 위한 것입니다. 한 예로, 컴퓨터와 그래픽 디자인 기술을 사용하여 최고의 신앙 잡지와 교회 정보지를 만들 수 있습니다. 교인들은 잘 디자인된 책을 예배 후에 아무 곳에나 버리지 않을 것입니다. 목사는 교회에서 보다 역동적이고 효과적으로 메시지를 전달하기 위해 컴퓨터와 많은 소프트웨어를 사용할 수 있습니다.

인터넷은 교회가 최고의 웹사이트를 만들어 전 세계 모든 이들이 웹사이트로 교제하고 하나님의 말씀을 듣거나, 다른 교회 구성원의 설교나 간증을 들을 수 있도록 한다는 점에서 유용합니다. 악기나 음향 설비에서 선진 기술은 찬양과 예배 앨범을 만들고, 찬양을 세속 음악보다 훨씬 좋게 하는데 유용한 도구가 됩니다. 많은 젊은이들이 좋은 기독교 앨범을 찾기 어려워 비기독교적 음악을 듣는 것을 즐깁니다. 예가 많지만, 제가 말씀 드리고 싶은 것은 새롭고 창의적 것을 배우고 사용하려는 용기를 갖게 되면 그런 것들이 우리를 승리하는 삶으로 인도한다는 것입니다.

## 5. 다른 사람으로부터 배우기

새로운 정보기술을 활용하는 것을 배우는 것 외에도 우리는 다른 사람, 특별히 우리보다 지혜롭고 경험이 많은 사람, 우리보다 직위가 높은 사람들로부터 많은 것을 배울 수 있습니다. 왜냐고요? 그들은 현재의 우리보다 앞서 갔기 때문이고, 우리는 그들이 어떻게 그 단계까지 도달했는지를 알 필요가 있습니다.

한 회사나 사업이나 교회에서 이미 높은 자리에 있는 어떤 사람은 너무 교만하여 다른 사람으로부터 배우는데 인색합니다. 이런 태도는 그들에게 아무 도움을 줄 수 없습니다. 그들은 능력을 확장하거나 심화할 수 없습니다. 학교에 가서만 배우는 것이 아닙니다. 인생의 학교에서 배울 수 있고, 다른 사람들로부터 배울 수도 있습니다. 우리 중 얼마나 많은 사람들이 성공한 사람들의 자서전이나 전기를 읽고 배우고 있습니까?

다른 사람의 성공에서 뿐 아니라 실패로부터도 배워야 합니다. 많은 젊은 사람들이 나에게 와서 그들의 지도자들에 대하여 불평을 합니다. 지도자들이 자기들을 잘 이해하지 못하고 잘못 인도한다는 것입니다. 나는 "우리는 다른 사람의 실수나 약점을 통해서도 배울 필요가 있다" 고 말해 줍니다. 때로는 하나님이 우리가 불완전하게 인도함을 받도록 허락하시는 것처럼 보이지만, 우리가 다음에 지도자가 되면 똑 같은 실수를 반복하지 않도록 반면교사가 되도록 학습하는 효과가 있습니다.

성령의 기름 부음을 받은 능력 있는 설교자의 간증을 들은 적이 있습니다. 그는 상당 기간 동안 잘못된 리더 밑에서 어떻게 있었는지, 그리고 그 기간을 통하여 주님이 오늘날 리더가 되도록 어떻게 자신을 준비시키도록 하셨는지를 나누었습니다. 우리가 마음으로부터 항상 배우기를 즐거워하고, 자신의 능력을 개발하고 강화하기를 원하는 사람이라면 시간과 장소, 상황의 조건은 우리가 그렇게 하는데 장애가 되지 않는다는 것을 증명해줄 것입니다.

## 6. 당신의 친구가 곧 당신이다

"철이 철을 날카롭게 하듯이, 사람이 사람의 얼굴을 빛나게 한다." (잠언 27:17)

나는 어느 날, 설교자가 하는 말을 들었습니다. "여러분의 친구가 누구인지 나에게 보이면, 나도 여러분의 미래를 말해 줄 것입니다." 여러분의 친구가 누구인가를 알면 여러분이 어떤 사람인지 알 것이라고 덧붙였습니다.

이 말은 사실입니다. 우리가 성장하느냐 하지 못하느냐를 결정하는데 사귀는 친구가 영향을 미치기 때문에, 우리는 주변의 사람들을 알고 사귀는데 신중해야 합니다.

"지혜로운 자들과 함께 걸으면 지혜롭게 되나 우둔한 자들과 사귀면 해를 받는다." (잠언 13:20)

"속지 마라, 나쁜 친구들이 좋은 습관을 망친다." (고린도전서 15:33)

누가복음 5:17-27에 나오는 중풍 환자의 이야기는 어떻게 좋은 친구들에 둘러싸여 있는가를 보여줍니다. 네 친구는 예수 그리스도를 신뢰하는 믿음의 사람이었습니다. 그들은 쉽게 포기하지 않았고, 중풍 환자 친구를 위해 어떤 희생도 기꺼이 하는 자들이었습니다. 그리고 친구를 돕는데 필요한 인내심이 있었습니다. 네 친구들은 중풍으로 고통당하는 친구의 삶과 믿음을 세우는 자들이었고, 결코 희망을 포기하는 자들이 아니었습니다. 중풍 환자가 그와 같은 친구를 가졌다는 것은 큰 축복이었습니다.

세우는 것은 파괴하는 것보다 어렵습니다. 나를 세워주도록 돕는 친구를 만나는 것은 나를 깎아내리고 넘어뜨리는 친구를 만나는 것보다 더 어렵습니다. 나를 세워주는 친구가 주위에 있다면 주 안에서 즐거워하십시오. 어떤 사람을 친구로 선택할 것인지는 우리가 자유의지를 가지고 있기 때문에 전적으로 나의 선택에 달린 문제입니다. 나를 파괴하는 친구를 사귀는 것도 나의 책임입니다. 그러므로 우리는 나의 삶이 보다 향상되도록, 그리고 나의 역량이 성장하고 확대되도록 친구를 선택할 수 있습니다.

# 제9장
# 하나님 사역의 확장

"영역 확대는 권한과 능력의 확장과 균형을

이루어야 한다."

## 1. 안전지대를 떠나라

"쇼핑을 편리하게 할 수 있도록 확장공사 중입니다. 불편을 끼쳐드려서 죄송합니다." 공사 현장에서 이런 안내판을 볼 수 있습니다. 기존 건물을 개조하여 보다 많은 사람들이 편하게 쇼핑할 수 있도록 확장 중입니다. 재건축 과정은 공사 소음과 중기 소리 때문에 우리의 일상 쇼핑에 불편을 줄 수 있습니다. 가용면적을 극대화하기 위해 상품을 재배치하여 이전의 상점 배치에 익숙해진 소비자들이 쇼핑하는 것을 일시적으로 어렵게 할 수도 있습니다. 그러나 일시적으로 불편해도 공사를 마친 후에는 이전보다 훨씬 좋은 환경이 되어 소비자들은 훨씬 더 편안함을 느낄 것입니다. 소비자뿐 아니라 종업원도 더 효율적으로 일할 수 있을 것입니다.

하나님도 이와 비슷한 갱신의 일을 하십니다. 정확히 말하자면, 내가 만나는 문제들이 나의 삶을 쇄신하여 나의 능력의 크기를 확대하도록 도움이 될 수 있습니다. 우리는 하나님이 왜 우리 삶에 어려운 문제들을 허용하시는가 이해하지 못합니다. 우리가 문제라고 생각하는 것은 우리를 불편하게 하고, 때로는 고통스럽게 하고, 우리의 익숙한 삶의 리듬에 변화를 가져오기 때문입니다.

그러나 많은 사람들이 하나님이 우리 가운데 행하시는 확장 과정과 그 목적을 이해하지 못하여 하나님께 화를 냅니다. 실제로는

139

하나님이 우리의 능력 극대화를 위해 바로 그 순간에 공사를 하고 있는 중인데도 말입니다. 이런 논리는 우리가 하나님이 강제적으로 우리를 혁신시키기를 원하지 않는다면 우리는 우리 자신을 적극적이고 자발적으로 쇄신시키고자 노력해야 합니다. 우리가 하나님께 많은 축복을 채워 달라고 요청할지라도 우리가 그것을 받아들일 능력이 충분하지 않다면 하나님이 어떻게 채워 주시겠습니까? 우리가 스스로 능력을 확대하는 길을 선택하든지, 아니면 하나님이 사랑 가운데서 우리를 쇄신시키든지 선택은 우리에게 달려 있습니다.

"마치 독수리가 자기 보금자리를 뒤흔들고 자기 새끼들 위에 퍼덕이며 그 날개를 펴서 새끼들을 받아 자기 날개 위에 업는 것 같이, 여호와께서 홀로 그 백성을 인도하셨을 뿐, 그와 함께 한 이방 신은 없었다." (신명기 32:11-12)

독수리가 어린 새끼가 나는 것을 배우도록 보금자리를 뒤흔들듯이 하나님은 우리 삶을 쇄신하여, 우리 능력이 확대되고 우리가 이전에 결코 하지 못한 일들을 할 수 있도록 하십니다. 새끼 독수리는 어미가 잔인하고 자기를 더 이상 사랑하지 않는다고 생각할 수 있습니다. 그러나 사실은 어미 독수리는 새끼 독수리가 자기 힘으로 날 수 있는 능력을 가지도록 이해하게 될 날을 생각하고 그렇게 하는 것입니다.


## 2. 하나님에 의한 변화

리처드는 그리스도 안에 있는 나의 좋은 친구이며, 동역자입니다. 과거 몇 년 동안 그가 경험한 것은 너무 은혜롭고 특별한 것입니다. 하나님이 그의 인생을 어떻게 변화시켰는가에 대한 간증은 정말 놀라운 것이었고, 그 변화는 가시적인 것이었습니다.

그러나 어느 날, 리처드는 나를 방문하여 비즈니스에 문제가 있다고 말했습니다. 무슨 이유인지 그 회사 제품 주문이 하나하나 취소되었습니다. 이상하게도 취소는 아주 단기간에 왔습니다. 그는 몇 주 전에 문을 연 제2공장을 폐쇄하는 것 외에 다른 길이 없다고 했습니다.

친구와 목사로서 나는 사탄이 들어와 그의 삶을 엉망으로 만들 기회를 주는 어떤 문제가 있거나 죄를 지었는지 물었습니다. 그러나 리처드는 모든 것이 정상이었고, 그가 아는 한 그는 어떤 것도 위반한 적이 없다고 말했습니다. 나는 하나님께서 그의 능력을 확대하기 위해 허용하시는 갱신 과정 가운데 있다는 것을 알았습니다. 그 이전에 그가 가진 능력은 하나님이 그의 삶에 계획하신 큰일들을 할 수 있을 만큼 충분치 않았을 것이기 때문입니다.

그리고 나는 그를 격려하고, 최근에 일어난 일에 대하여 인도네시아 기독실업인회 예배에서 간증하도록 도전했습니다. 나는 그에게 말하기를, 그가 문제를 어떻게 극복했는지를 간증하는 용기를 가지는 것은 보통 있는 일이지만, 여전히 큰 문제 가운데 처해 있을 때 간증할 용기를 가진다는 것은 특별한 일이라고 도전을 주었습니다. 며칠후, 많은 생각을 한 그는 나의 제안을 받아들이고 기업인들 앞에 서서 말했습니다.

"제가 문제 가운데 있는 것은 사실입니다. 그러나 저는 포기하는 것을 거부합니다. 왜냐하면, 저는 예수 그리스도를 믿고, 언젠가는 반드시 다시 여러분 앞에 서서 하나님이 어떻게 혼란 가운데서 저를 구해주셨는지 말씀드릴 것입니다. 그래서 여러분 중 누군가가 위기가운데 있고 출구를 발견하지 못했다면 포기하지 마십시오. 왜냐하면, 출구는 반드시 있기 때문입니다."

당시 그가 말한 내용입니다. 놀랍게도 예배 후에 많은 사람들이 리처드에게 와서 그가 말한 것에서 얼마나 은혜를 받았는지를 말했습니다. 어떤 기업인은 누군가가 문제 가운데서 자기를 도우신 하나님을 간증할 때 왜 하나님은 자기는 도우시지 않는지 생각하며 죄책감을 느꼈다고 말합니다. 그들은 자기들이 무엇인가 잘못을 했다고 생각합니다. 그러나 그날 많은 사람들은 리처드의 간증을 듣고 힘을 얻고 믿음이 회복되었다고 말했습니다.

하나님이 여러분을 쇄신하실 때 거부하지 마십시오. 최선을 위한 하나님의 목적이 있음을 믿으십시오. 그리고 불편은 일시적이라는 사실을 믿으십시오. 리처드는 몇 달의 쇄신과정을 경험하고 그 후 구매 주문이 다시 오기 시작했고, 이전보다 훨씬 더 많은 주문을 받았습니다. 그런데 저의 흥미를 갖게 한 것은 그가 새로운 주문에 반응하는 태도였습니다. 그는 물론 자신의 사업이 번창하는 것에 매우 만족해했습니다. 그러나 동시에 그는 매우 침착하고 평화로웠습니다. 주문량이 쏟아진다고 해서 결코 오만하지 않았습니다.

"내가 주문을 처리하는 방법에 변화가 있었습니다."

그 순간, 그는 한마디를 했습니다. 그는 주문을 얼마나 받는지에 관계없이 한층 더 균형과 평정 가운데 있습니다.


"야베스는 그의 형제들보다 더 존경을 받았는데, 그의 어머니가 그의 이름을 야베스라 부르고 '내가 고통 중에 낳았기 때문이다' 하고 말하였다. 야베스가 이스라엘의 하나님께 부르짖기를 '주께서 제게 복에 복을 더하시고, 저의 영토를 넓혀 주시며 주님의 손으로 저와 함께 하시어 제가 환난을 벗어나 근심이 없게 해주십시오' 하니, 하나님께서 그

가 구한 것을 이루어주셨다." (역대상 4:9-10)

야베스의 이 기도는 너무 흥미로워서 저는 그가 구한 것을 하나님께서 들어주셨다는 것에 놀라지 않습니다. 야베스는 하나님이 그를 크게 축복해 주시리라고 간구할 용기를 가졌을 뿐 아니라, 하나님이 그의 지경을 넓혀 주시고 소유를 확대해 달라고 기도했습니다. 그 지경을 넓힌다는 것은 그의 권위와 능력을 확대한다는 뜻입니다. 큰 복은 큰 능력과 균형이 맞아야 합니다. 그래서 그의 삶은 균형을 유지하고, 주님의 이름을 영화롭게 할 것입니다.

## ● 맺는말

　　하나님은 승리를 약속하고 보증하십니다. 문제는 우리가 어떤 방법으로 승리를 얻느냐가 문제입니다. 부정직하고 야비한 수단을 사용하여 이루느냐, 아니면 우리 인생을 보고 있는 수많은 관중의 환호와 열광을 불러일으키는 그런 방법으로 승리를 얻는가는 전적으로 우리 손에 달려 있습니다. 예수님의 십자가 희생을 믿는 사람들은 그들을 구원한 가치에 따라 살아야 합니다. 지혜롭고 균형 잡힌 삶을 살아야 하고, 목적 없이 사는 사람들과는 달라야 합니다.

"이와 같이 너희 빛을 사람들 앞에 비추어서 그들이 너희 선한 행실들을 보고 하늘에 계신 너희 아버지께 영광을 돌리게 하여라." (마태복음 5:16)

　　예수님은 제자들에게 세상의 소금과 빛이라고 했습니다. 그것은 특별한 존재로 주위 사람들에게 영향을 끼치는 삶을 의미합니다. 하나님의 위대하신 사랑을 모르는 사람들은 믿는 사람들이 보여주는 아름답고 영광스러운 삶을 보고서 경외심을 갖게 되고, 하나님의 위대한 사랑을 알고 느낄 것입니다. 그것을 바울은 이렇게 표현했습니다.

"그러므로 나의 사랑하는 자들아. 너희가 항상 순종한 것 같이 내가 함께 있을 때뿐만 아니라, 지금 내가 없을 때에도 더욱 두려움과 떨림으로 자신의 구원을 이루어라. 너희 안에서 행하시는 분은 하나님이시므로 그분의 기쁘신 뜻을 위하여 너희에게 소원하며 행하게 하신다. 너희는 모든 일을 불평과 분쟁이 없이 하여라. 이는 너희가 흠 없고 순전하여 어그러지고 부패한 세대 가운데서 책망 받을 것이 없는 하나님의 자녀가 되어, 세상에서 하늘의 별들처럼 빛나게 하려는 것이다. 너희가 생명의 말씀을 붙들어 그리스도의 날에 내가 자랑하게 하여라. 이는 내가 헛되이 달음질하지 않았고 헛되이 수고하지도 않았기 때문이다." (빌립보서 2:12-16)

하나님의 자녀들은 세상 사람들에게 빛을 비추어야 하고, 세상에서 별이 되어야 합니다. 하늘의 별뿐만 아니라 지상의 별이 되어야 합니다. 이런 별이야말로 세상이 반기는 빛입니다. 하나님은 믿는 자녀들이 세상에서 좋은 영향력을 끼치는 귀한 존재(celebrities)가 되기를 원하십니다. 영화배우나 팝 스타도 세상에 많은 영향을 끼치는데, 그들의 인기는 작은 나라나 아주 먼 장소에까지 미칩니다. 그러나 불행하게도 긍정적인 영향보다는 부정적인 영향력을 훨씬 더 많이 끼치고 있습니다. 이것을 생각할 때, 전 세계에 흩어져 있는 하나님의 자녀들이 더욱 세상에서 별처럼 우뚝 솟은 좋은 모범이 되고, 선하고 긍정적인 영향력을 주어야 하는 이유입니다.

## ● 기도

　　여러분이 아직도 목적 없는 생활에 빠져 있거나 피폐한 상태에 있습니까? 여러분이 목적 없이 살면서 만난 여러 가지 문제들을 승리하기보다는 패배감 속에 있다면 이 모든 것의 끝이 아님을 아십시오. 오늘 이 시간은 여러분이 지금까지 기다려온 그 날입니다. 모든 것이 변화하기 시작하는 바로 그 날입니다. 우리의 존재는 우연이 아니며, 이 세상에서 우리의 삶에는 분명한 목적이 있다는 것을 알아야 합니다. 다른 사람들, 아니 여러분과 가장 가까운 사람들까지도 여러분 인생의 목적이 무엇이냐고 질문할 수 있는 주권자가 아닙니다. 그런 질문을 하실 유일한 분은 바로 창조주 하나님이십니다. 예수님은 우리가 하나님 아버지께로 나아가게 하는 유일한 길입니다. 빛의 부재가 여러분을 어둠 속에 살게 하는 것처럼, 빛의 존재가 여러분의 삶에서 어둠을 몰아낼 것입니다. 예수님은 여러분을 위하여 놀라운 계획을 가지고 있습니다. 그는 2천년 전, 십자가에서 우리를 구원했습니다. 그리하여 우리는 예수님이 하신 구원을 개인적으로 영접하고 새로운 삶을 시작할 수 있습니다.

　　여러분이 새롭고 의미 있는 삶을 살기 원한다면, 저와 함께 이런 기도를 하시기 바랍니다.

　　"예수님! 지금까지 제가 얼마나 어둠 속에 있었는지 주님은 알고 계십니다. 제가 목적 없고 의미 없는 삶, 지루하고 공허한 삶을 살았습니다. 그러나 이제 주님께서 저의 삶에 놀라운 계획을 가지고 있음을 압니다. 주님은 저를 위하여 영광스러운 미래와 현세에서 의미 있는 삶을 준비하셨습니다. 저의 쓴 과거까지도 당신은 기꺼이 지워버리십니다.

주님의 크신 사랑에 감사합니다. 그리고 주님께서 저에게 최상의 선물을 주셔서 감사합니다. 죄인인 저를 위하여 주님은 십자가에 달려 죽으셨습니다. 그 크신 희생으로 말미암아 저는 하나님의 자녀임을 알고 새로운 삶을 얻게 되었습니다. 감사합니다.

예수님! 당신이 하나님의 아들, 나의 구주이심을 믿습니다. 이것이 저 자신을 주님께 드리는 이유입니다. 주 하나님! 저의 모든 허물을 용서하여 주시옵소서! 저의 모든 옛 생활을 버리기로 결심합니다. 주 하나님! 저를 새롭게 빚어주시옵소서. 성령으로 충만케 하시고, 영원히 제 안에 계시옵소서!

주 하나님! 주님께서 저의 기도를 들으심을 믿으며 감사드립니다. 주 예수 그리스도의 이름으로 기도 드립니다. 아멘!"

경영학도이자 자기경영 컨설턴트로서, 그 동안 수많은 경영 관련 분야를 비롯한 여러 분야의 자료와 책을 읽어 왔지만 아직까지 성경만큼 통찰과 혜안을 담아낸 책을 대한 적이 없었습니다. 그래서 누군가 저에게 "당신의 인생에 가장 큰 영향을 준 책이 무엇인가?" 라고 묻는다면 단 한순간의 망설임도 없이 저는 "성경입니다." 라고 답할 수밖에 없습니다.

성경도 사람에 의해 쓰여졌다는 데에는 여느 책들과 다름이 없지만 '하나님의 감동에 의해 기록된 계시의 말씀' 이라는 데에 그 위대성이 있습니다.

그런데 아무리 위대한 내용을 담고 있는 책이라 할지라도 사람의 생각과 일상을 풍요롭게 변화시키는 것과 관련이 없다면 무슨 의미가 있겠습니까? 마라톤 풀코스는 42.195km입니다. 그러나 자기 앞에 놓여 있는 100m 단거리를 잘 뛰어내지 못한다면 그 긴 거리를 완주할 수가 없습니다. 그래서 위대한 사람들은 모두 일상 관리의 달인들입니다. 잘 아시다시피 미래적 관점에서 오늘 이 순간을 잘 살아내는 것이 위대함을 낳는 비결입니다.

성경은 우리에게 미래를 보게 하기도 하지만 현재를 집중하는 방법을 가르쳐 주기도 합니다. 특히, 과거를 통하여 미래를 바라보게 하는 놀라운 비전의 메시지를 가지고 오늘을 힘 있게 살아내게 하는, 항상 정북 방향을 가리키는 생명의 나침반입니다. 그런 의미에서 성경은 최고의 자기경영 교과서입니다.

인도네시아의 현직 목회자로서 활동하고 있는 저자 제프리 라흐마트 역시 성경을 각 사람의 일상 경영의 차원에서 바라보고, 이 책을 통하여 그러한 내용들을 담아내고자 했습니다. 성경이 세계 최고의 베스트셀러이기도 하지만, 많이 보급된 것에 비해 덜 읽혀지는 한 가지 이유는 너무나 난해하다는데 있습니다. 그래서 믿음이 없이는 다가가기가 쉽지 않습니다. 저자는 바로 그 부분을 주목합니다.

성경을 지나치게 영적인 관점에서가 아니라, 생활의 한복판에서 우리가 쉽게 활용하고, 적용할 수 있는 지침서가 될 수 있다는 소박한 생각도 가치 있는 것 아니겠습니까?. 어쩌면 그런 조각들을 찾아내어 제공하는 것이야말로 성경을 처음 대하는 사람들이나 영적성숙이 더딘 사람들에게는 더욱 가치 있는 일일 수 있습니다.

'어떤 자세로 시작해야 하며, 달란트를 어떻게 사용할 것인가 하는 문제뿐만 아니라 투자의 방법은 물론, 순간순간 주어지는 일들을 어떻게 처리하는 것이 좋은가?' 등은 오늘날 우리가 항상 고민하는 문제입니다. 그렇지만 이러한 과제들을 어떻게 처리하는 것이 바른 처리 방식인지 판단하고 행하는 데에 혼란을 겪을 때가 있습니다.

빛으로 오신 예수님처럼, 크리스천으로서 자신이 서 있는 자리에서 빛이 되고 소금이 되는 역할을 충실하게 수행하는 것은 결코 쉽지 않은 일입니다. 그럼에도 불구하고, 우리는 그 사명을 충실하게 감당해야 할 의무가 있습니다. 그게 바로 평신도의 사역이 아니겠습니까?

그러기 위해서는 자신이 먼저 변화되고, 바로 서는 과정이 필요합니다.

"너는 청년의 때 곧 곤고한 날이 이르기 전, 나는 아무 낙이 없다고 할 해가 가깝기 전에 너의 창조자를 기억하라. 해와 빛과 달과 별들이 어둡기 전에, 비 뒤에 구름이 다시 일어나기 전에 그리하라" (전도서 12:1-2)

미래의 어렵고 힘든 때를 대비하여 준비하는 인생을 살라는 전도자의 엄중한 메시지입니다. 살아가는 데 훌륭한 룰을 찾은 인생은 진정 행복한 인생이라고 할 만합니다. 비록 작지만, 이 책은 독자 여러분들에게 좋은 삶의 룰이 되기에 충분한 주옥같은 내용들이 곳곳에 알알이 박혀 있습니다. 아무쪼록 독자 여러분들께서 목적지향의 가치 있는 삶을 사시는데 소중한 지침이 되길 기대합니다.

김호영(khy710@paran.com)

**무딘 연장 날을 갈아**

초판 1쇄 발행 2011년 4월 1일

지은이 I 제프리 라흐마트 ● 옮긴이 I 김호영 ● 펴낸이 I 박영발 ● 펴낸곳 I W미디어 ● 등록 I 제2005-000030호

주소 I 서울 양천구 목동 907 현대월드타워 1905호 ● 전화 I 6678-0708 ● 팩스 I 6678-0309 ● e메일 I wmedia@naver.com

ISBN 978-89-91761-47-6   03230 ● 값 8500원